Ursula Schneiderwind • Lebensretter Fußball

Ursula Schneiderwind

Lebensretter Fußball

Roman für junge Leser ab 9 Jahren

FRIELING

Die Schreibweise in diesem Buch entspricht den Regeln der neuen Rechtschreibung.

Bibliografische Information der Deutschen Bibliothek
Die Deutsche Bibliothek verzeichnet diese Publikation in der Deutschen Nationalbibliografie; detaillierte bibliografische Daten sind im Internet über http://dnb.ddb.de abrufbar.

© Frieling-Verlag Berlin • Eine Marke der Frieling & Huffmann GmbH
Rheinstraße 46, 12161 Berlin
Telefon: 0 30 / 76 69 99-0
www.frieling.de

ISBN 3-8280-2346-0
1. Auflage 2006
Umschlaggestaltung: Michael Beautemps
Sämtliche Rechte vorbehalten
Printed in Germany

»Du bist auf meine Straße gelatscht!«, schrie Christian wütend, griff einen faustgroßen Stein und schleuderte ihn in Marcos Fuhrpark. Eins der Matchboxautos flog in hohem Bogen davon und landete außerhalb ihrer Spielfläche im Gras.

»Ha! Mein schöner Mercedes!«, brüllte Marco auf und stürzte sich auf Christian. Sie rangen miteinander und jeder wollte den anderen unter sich am Boden fühlen.

Verwaist lag der kubikmetergroße Sandberg mit seinen Straßen, Plätzen, Tunnels und Steinbauten, während die Elfjährigen sich im Grase wälzten.

Zufällig schaute Christians Oma aus dem Fenster, sah den Kampf, griente und erinnerte sich, wie sie einer Mitschülerin in solch einem Gerangel eine Hand voll Haare aus der Kopfhaut gerissen hatte. Als ihr der Kampf der Jungen zu lang erschien, kippte sie das Fenster an und ließ ein kehliges »Hey, hey« ertönen.

Sofort hielten die beiden inne und erhoben sich.

»Krieg ist nie gut! Sprecht miteinander!«, forderte Oma.

Die Jungen schielten zu ihr hin, klopften an ihrer Kleidung herum und schossen böse Blicke gegeneinander.

Das Fenster klappte zu und Omas Kopf verschwand.

»Eierkopp«, murmelte Christian noch wuterfüllt.

»Selber!«, entgegnete Marco. »Sieh dir an, was wir angestellt haben!«

Beim Kampf hatten sie zwar mit den Körpern im Gras gelegen, doch die Beine sausten unkontrolliert umher, hatten Straßen richtig zerstört, Autos untergewühlt und zwei »Häuser« umgekippt. Die Häuser waren aus zerbrochenen Steinen, Fliesen- und Balkenresten zusammengesetzt. Alles Materialien, die noch vom Bau dieses Wohnhauses übrig geblieben waren und den Kindern zum Spielen überlassen wurden.

Es war das erste Frühjahr, das Christian hier verlebte. Er war mit seiner Mama Cornelia und ihrem Partner Arnim aus einem Plattenbau zur Oma gezogen. Mit der Schule änderte sich nichts, denn beide Orte gehörten zum selben Einzugsgebiet.

Marco war völlig neu im Ort. Sein Vater war vor zwei Jahren tödlich verunglückt, und nun hatte seine Mutter Birgit einen neuen Mann gefunden und war zu ihm gezogen. Ronalds Frau war gestorben. Wenn Marco Ronald ansah, meinte er manchmal seinen Vater zu sehen. Größe und Haarfarbe stimmten ziemlich gut und auch die ruhige Art, mit der Ronald zu ihm sprach.

Ja, er war einverstanden gewesen, als seine Mutti ihn fragte, ob er sich Ronald als neuen Vater vorstellen könnte. Na ja, dass er nun bloß so'n winziges Durchgangszimmer sein Eigen nennen durfte, war nicht gerade schön, aber vielleicht zog ja seine ältere Schwester Mandy bald aus. Oder Karin, Ronalds Tochter. Die war schließlich auch schon 16, fast so alt wie seine Schwester.

Die beiden hingen zusammen wie Pech und Schwefel. Er würde sich nicht wundern, wenn die ein Zimmer zusammen in der Stadt nehmen würden. Wo sie doch dasselbe studieren wollten. Na, das war ihm egal, Hauptsache, er bekäme bald ein anderes Zimmer.

Immerzu hieß es: »Bei dir liegt schon wieder etwas herum!«, wenn Mutti oder Ronald in ihr Schlafzimmer wollten. Wie beneidete er Christian.

Der hatte ein großes Zimmer ganz für sich alleine. Und wie es da drin immer aussah! Spiel- und Schulsachen bildeten mit Kleidungsstücken ein wildes Durcheinander. Man musste seine Füße immer auf dem Teppich gedrückt schieben, damit man nichts zertrat. Dann gab's nämlich Ärger.

Vor vier Wochen hatte Christian einen weißen Abfallbehälter bekommen, damit er seine Bonbonpapiere und Taschentücher nicht ins Zimmer werfen musste. Aber wenn man da auf die Öffnungstaste trat, kamen neuerdings lauter dicke Brummer heraus. Lieber steckte Marco sein Papier in die Hosentasche und warf es zu Hause in den gelben Sack.

Nachdem sich nun die Jungen den Schaden angeschaut hatten, begannen sie einträchtig, alles wieder in Ordnung zu bringen. Nur der Mercedes würde den Kratzer an der Fahrertür für immer behalten.

»Lass uns ein bisschen mit dem Rad fahren«, schlug Marco vor. Er hatte zum Geburtstag vor drei Wochen ein neues Rad bekommen und war mächtig stolz darauf. Christians war dagegen eine alte Gondel, was ihn natürlich furchtbar wurmte. Und es war auch nicht abzusehen, dass er bald ein neues bekäme. Sein Geburtstag lag nur zwei Monate vor Weihnachten.

Zwar hatte seine Mama gerade Arbeit, aber Arnim nicht. Und viel bekamen beide wohl nicht, denn er hörte sehr oft, dass dies und jenes nicht gekauft werden könne. »Und dein Vater hat auch wieder nichts überwiesen«, hieß es dann häufig und Christian fühlte sich schuldig.

Aber wenn dann so ein tolles Auto im Laden stand, brauchte er Mama nur anzusehen bei seinem »Kaufste mir das?«, und sogleich schmolz sie wie Butter in der Sonne. Auch andere Dinge, die nicht über 20 Mark kosteten, erhielt er meist noch am gleichen Tag. Er hatte riesige Mengen an Spielzeug.

Wenn er zur Oma mit einem Wunsch kam, schlug die gleich vor, er solle sich das zusammenbasteln. Na gut, manchmal ging das ja und sie gab dann auch die Materialien dazu oder suchte sie aufwändig heraus. Dabei hätte sie es viel leichter gehabt, ihm einen Schein in die Hand zu drücken. Das Gebastelte sah doch nie so gut aus wie das Gekaufte! Und welche Mühe das machte!

Letztens hatte er sich dabei mit dem Hammer auf den Daumen geschlagen. Mama hatte ihn tröstend in den Arm genommen, gepustet und ihn bedauert. Ja, die wusste auch, dass Kaufen viel leichter ging als Bauen! Aber die Oma, die baute überall. Selbst wenn die anderen es nicht gut fanden, gab sie nicht auf!

Na ja, Mama mochte das nicht. Mama mochte auch die Oma nicht mit ihren Forderungen, es selbst zu machen. Er hatte gehört, dass Mama, als sie jung war, unter ihren Freundinnen und Freunden die Oma mit »die Alte« titulierte. Er würde seine Mama aber nie so nennen!

Nun schwang er sich auf seine alte Gondel und raste hinter Marco her. Auf der neuen Asphaltstraße machte es Spaß, sich voll in die Bremse zu stemmen. Es quietschte jedes Mal laut und ein schwarzer Strich erschien auf dem Boden.

»Diesmal ist deiner breiter«, sagte Marco anerkennend. »Na ja, ich darf ja mit dem neuen Rad nicht so doll bremsen wie du.« Das richtete Christian innerlich auf. Seine Augen blitzten und er schwang sich erneut auf den Sattel, trat kräftig in die Pedalen, um hundert Meter weiter einen neuerlichen Bremsversuch zu unternehmen.

Diesmal knallte es und sein Hinterrad war platt wie eine Flunder. Verdutzt guckte er das Rad, dann seinen Freund an.

»Ich war's nicht!«, beteuerte der sofort. »Vielleicht hast du einen Nagel erwischt.« Während Marco langsam vorausfuhr und sein Rad aufbockte, schob Christian seins traurig über den Hof zum Stall. Dort fütterte sein Opa gerade die Kaninchen.

Er blickte auf und erkannte, dass etwas nicht stimmte.

»Na, was ist?«, forschte er.

»Panne«, stieß Christian nur heraus. Opa schloss die Tür der Buchte und kam näher, um sich den Schaden zu besehen, denn den musste sowieso *er* beheben. Arnim kümmerte sich nicht um solche Dinge. Warum? Weil es nicht sein Sohn war!

Als Christian vier Jahre war, hatte sich Cornelia in Arnim verliebt und gehofft, als sie sich zusammentaten, er würde die Vaterstelle bei Chrissi einnehmen. Der Junge hatte sich auch zu ihm hingezogen gefühlt, aber als er ihn das erste Mal »Papa« nannte, wurde er barsch zurückgewiesen: »Ich bin nicht dein Papa!« Eine herbe Enttäuschung! Dabei wusste der Junge, dass sein richtiger Papa Ingolf hieß und weit weg bei einer anderen Frau wohnte. Er kannte ihn nicht.

Dabei hätte er so gern auch einen Papa gehabt wie die anderen Kinder im Kindergarten. Wie sein Freund Wagi, eigentlich René Wagmann, aber weil drei Renés in der Gruppe waren, besaßen zwei davon Spitznamen.

Wagi wurde manchmal von seinem Papa abgeholt, und der hatte sogar schon mit ihnen gespielt. Und gebastelt!

Opa besah sich den Schaden. »Hast wieder wie ein Irrer gebremst, was?« Schuldbewusst nickte Christian.

»Du hast überhaupt kein Profil mehr auf dem Mantel. Und hier, siehst du, hast du den Schlauch dabei aufgeschlitzt. Das ist so groß, dass ich es nicht mehr flicken kann. Außerdem musst du einen neuen Mantel haben. Dieser hat schon überall Löcher. So etwas habe ich auch noch nicht gesehen.«

Kopfschüttelnd betrachtete Opa den Schaden.

»Ich weiß nicht, ob ich für diese Größe noch einen Mantel im Keller habe. Ich sehe nachher mal nach. Jetzt füttere ich erst fertig. Die Tiere haben Hunger.« Damit drehte er sich um und ging zu seinen Kaninchen. Christian schob das Rad im Stall in den Ständer. Wenn der Opa keinen Mantel mehr fand, gab es bestimmt wieder Gestöhne wegen der Ausgabe. Sein Gesicht verschloss sich.

Da fiel sein Blick auf den Ball in der Ecke. Mit dem Fuß holte er ihn hervor und dribbelte damit auf den Hof. Zwischen Zaun und Sandhaufen, Doppel-Carport und Haus gab es eine acht mal zehn Meter große Freifläche. Auf dieser quälten die beiden nun den Ball, bis sie schwitzten.

Marco nahm seine Colaflasche aus dem Halter am Rad und trank, Christian flitzte hinauf in die Wohnung, um dort ebenfalls Cola in sich hineinzukippen. Dann griff er sich eine Kekspackung und rannte wieder nach draußen. Einträchtig saßen sie in der alten Hollywoodschaukel und kauten.

»Ist gar nicht gesund, Cola und Kekse. Esst lieber 'nen Apfel«, meckerte die Oma, die gerade ein paar Blumen einpflanzte. Daher hatten also die Burschen ihre Speckfalten in der Taille. Und sie dachte daran, welche Kämpfe sie mit ihrem Töchterlein in ebendiesem Alter um Brause und Cola ausgefochten hatte.

Wollte sie jetzt ihrem Sohn alles das geben, was für sie scheinbar ein Mangel in der eigenen Kindheit gewesen war? Hatte sie nichts dazugelernt in all den Jahren? Oma hielt sich aber nicht bei diesen Gedanken auf, denn es gab rund ums Haus noch viel zu bedenken und zu arbeiten.

Plötzlich erkrankte Arnim schwer, schwebte in Lebensgefahr, lag wochenlang im Koma und Cornelia fuhr nach ihrer Arbeitszeit fast täglich zum Krankenhaus. Doch als Arnim dann nach einer anschließenden Kur wieder bei ihr war, kam sie nicht mehr mit ihm klar.

»Das ist jetzt ein ganz anderer Mann«, klagte sie bei ihrer Mutter und trennte sich auch bald von ihm. Das traf vor allem wieder Christian, denn der hatte sich in den letzten zwei Jahren mit Arnims Sohn angefreundet.

Kaum war Arnim aus dem Haus, zog Cornelias neuer Freund ein. Heiko behandelte den elfjährigen Christian wie einen Kumpel. Dem gefiel das. Er schaute bewundernd zu dem schlanken, großen Mann auf, der lässig durch die Wohnung schlenderte, sich mit 'ner Bierflasche in der Hand im Sessel fläzte und zum Fernseher starrte. An Wochentagen sahen sie sich ja nicht viel, denn Heiko fuhr mit einem der ersten Busse zur Arbeit.

Christian hatte auch mitbekommen, dass Oma und Opa seine Mama gewarnt hatten. »Heiko ist Alkoholiker. Bedenke das, ehe du ihn in die Wohnung nimmst.«

»Er hat versprochen, damit aufzuhören«, hatte Cornelia geantwortet, und ein Jahr lang sah es fast so aus, als hätte Heiko sein Problem im Griff. Doch dann kam er oft mit einer Fahne von der Arbeit, und wenn Cornelia – sie hatte mal wieder eine Arbeit als Verkäuferin ergattert – am Abend von der Arbeit kam, fand sie ihn schnarchend im Bett. Als sie eines Tages beim Saubermachen Schnapsflaschen an den unmöglichsten Plätzen fand, kam sie klagend zu ihrer Mutter. Die ließ sie ausreden, zog aber dann die Schultern hoch.

»Was soll ich dazu sagen? Dass wir dich gewarnt haben? Er steckt viel zu tief drin, als dass er ohne Hilfe herauskäme. Aber das hat er bisher nicht erkannt. Demzufolge kannst du ihm auch nicht helfen, weil er völlig zufrieden mit diesem Leben ist. Seiner Meinung nach haben die anderen ein Problem, nicht er.«

Christian fand Heiko super, weil er mit ihm über alles reden konnte. Und ganz toll war, dass er ihm einen Hund mitbringen wollte. Und wirklich! Eines schönen Nachmittags hatte er einen jungen Schäferhund im Arm, der ihm schon im Bus den Bauch genässt hatte.

Stolz zeigte er ihn dem Nachbarn, bevor er ihn mit hinauf in die Wohnung nahm. Der Nachbar, selbst Besitzer eines Terriers, sah den Welpen und warnte ihn: »Das ist nichts für euer kleines Grundstück. So ein Hund muss viel Auslauf haben.«

»Ist der nicht süß?« Heiko nahm ihn hoch und drückte sein Gesicht ins Fell.

»Natürlich ist es ein hübsches Tier«, bestätigte der Nachbar und roch die Fahne, die von Heiko herüberwehte. »Gerade darum muss die Anschaffung gut überlegt sein. Sind denn alle anderen damit einverstanden?«

»Ach, das werden sie schon, wenn sie den hier sehen!«, wiegelte Heiko ab und trollte sich nach oben.

Christian war begeistert und gab sich neben dem Hund liegend ganz seiner Zärtlichkeit hin.

»Frag mal deine Oma, ob sie einen Strick hat, dann kannst du mit ihm draußen spazieren gehen. Könnt ihr schon beide trainieren.«

Ja, die Oma hatte einen Strick, aber auch Wermutstropfen.

»Der Hund ist zu groß für dieses kleine Grundstück!«

»Ach, das macht doch nichts. Ich laufe mit ihm draußen herum.«

»15 Jahre lang?«

Diese letzte Frage ließ ihn stutzen, aber in diesem Augenblick hielt er den Strick in der Hand und rannte damit nach oben.

Dort stand die Mama. Entsetzt!

»Was soll denn das? Wenn wir einen Hund anschaffen, dann doch alle gemeinsam! So hatten wir uns doch neulich geeinigt. Und auch darauf, dass es kein großer Hund sein kann.«

»Aber Mama, der ist doch sooo schön!« Christian schaute seine Mama an. Doch diesmal wirkten seine Augen nicht.

»Streichel ihn doch mal«, versuchte Heiko sie umzustimmen. Schließlich, wie sah er denn vor seinen Kumpels aus, wenn er morgen den Hund wieder mitschleppte!

Sie blickte ihn forschend an und fühlte geradezu die Falle.

»Ich werde mich hüten!«, sagte sie mit fester Stimme. »Morgen nimmst du den Hund wieder mit.«

»Aber Schatzi …«, bettelte Heiko.

»Ach, Mami, bitte, bitte. Ich gehe auch immer mit ihm raus«, versprach Christian.

»Ja, die ersten Male! Und danach habe ich ihn am Halse. Außerdem: Hast du denn schon mit den Besitzern des Grundstücks und des Hauses gesprochen?« Damit waren ihre Eltern und ihr Bruder gemeint, die gemeinsam die untere Etage bewohnten.

»Ach, die stimme ich schon um«, tat Heiko den Einwurf ab.

»Aber mich nicht. Wenn ich diese Pfoten hier ansehe und mir vorstelle, dass er erst sechs Wochen ist, weiß ich, dass der ausgewachsen sooo groß ist.« Ihre

Hand stand flach dicht neben ihrer Taille! »Wenn du ihn behalten willst, bitte, dann ziehst du eben morgen aus!«

Jetzt schnappte Heiko nach Luft. »Aber Schätzchen, so war das doch nicht gemeint. Natürlich nehme ich den Hund wieder mit.« Ganz tief im Innern hoffte er, dass er sich am nächsten Morgen ohne den Hund davonstehlen konnte.

Christian tat auch alles, um die Mama noch umzustimmen, aber sie blieb diesmal fest bei ihrer Meinung.

Als er seinen Wecker an diesem Morgen abstellte, sprang er sogleich aus dem Bett und sauste in der Wohnung umher, in der Hoffnung, den Hund vorzufinden.

»Du suchst den Hund?«, fragte Mama und schaute in seine traurigen Augen. »Der ist wieder fort. Zum Hund gehört doch mehr.« Sie nahm ihn in den Arm, um ihn zu trösten. »Wir haben kaum Geld für uns, und ein Hund ist wie ein kleines Kind. Der muss umsorgt und richtig erzogen werden.«

»Das hätte ich doch gemacht«, warf Christian ein.

»Und zum Tierarzt? Hättest du ihn bezahlt? Und das Futter, das so ein großer Hund braucht?«, fragte sie eindringlich.

Langsam dämmerte Christian, dass er das alles nicht konnte.

Als er am Nachmittag draußen spielte, fragte er den Opa: »Hättest du den Hund behalten?«

Opa schüttelte den Kopf. »Schau dir mal die Hunde hinten auf dem Industriegelände an. Arme Viecher. Solch große Hunde müssen auch ein großes Grundstück haben. Oder sieh mal durch die Bäume. Dort vorn sitzt so ein armes Tier im Käfig. Selten, dass die Kinder von denen mit ihm spazieren gehen. Und ganz bestimmt wollten sie den Hund auch haben, als sie jünger waren. Nein, für den Hund wäre das Leben hier auch nur eine Strafe geworden.«

Nachdenklich streichelte Christian die Kaninchen. »Sieh mal, die kleine schwarze Katze dort. Die gehört niemandem. Als wir dieses Grundstück erwarben, ist sie auf dem Industriegelände da drüben unter den abgelegten Materialien geboren und aufgewachsen. Ihre drei Geschwister waren stärker und deshalb ist sie so mickrig geblieben. Oma füttert sie seit einem Jahr und kann sie nun schon streicheln. Vielleicht versuchst du auch, die Katze für dich zu gewinnen.«

Christian hockte sich nieder und lockte das Tier mit leiser Stimme. Vorsichtig näherte sie sich dem Jungen. Doch als er eine hastige Bewegung machte, sprang sie zur Seite und schaute ihn ängstlich an.

»Sie will nicht!«

Opa hatte zugesehen. »Du musst viel Geduld haben und darfst keine schnellen Bewegungen machen. Oma hat ein halbes Jahr gebraucht, bevor sie sich anfassen ließ. Hochnehmen kann Oma sie aber immer noch nicht!«

»Hat Oma ihr einen Namen gegeben?«

»Ich glaube nicht. Sie ruft immer: ›Katze, wo bist du?‹, und meistens kommt sie dann.«

Christian hockte sich erneut nieder und lockte leise: »Katze, komm her zu mir. Katzi, komm zu mir.«

»Vielleicht würde sie eher kommen, wenn du eine Leckerei für sie hättest.«

Der Junge erhob sich und befühlte seine Taschen.

»Einen Kaugummi will sie aber bestimmt nicht«, lächelte Opa. »Lieber wäre ihr da wahrscheinlich ein Stückchen Wurst.«

Da fuhr hinter ihnen Marco auf den Hof. Noch bevor er abgestiegen war, bellte Christian ihn an: »Haste was für die Katze?«

Marco guckte verstört. »Was soll ich denn haben? Kekse?« Er holte, noch halb auf dem Rad sitzend, eine angefangene Kekspackung aus der Jackentasche.

»Gib mal'n Stück«, forderte Christian, nahm es und hockte sich wieder in Katzennähe nieder, den Arm lang ausgestreckt. Neugierig äugte das Tier, ließ sich aber nicht verleiten, näher zu kommen.

»Ist wohl nicht das Richtige«, meinte Opa bedauernd. »Musst es eben häufiger probieren. Wenn ich Kaninchen schlachte, sitzt sie ganz dicht bei mir und wartet auf Abfälle.«

»Ist doch ein Raubtier«, meinte Marco. »Die nimmt doch keine Kekse.« Christian schob sich das Stück in den Mund und erhob sich.

»Hey, das war aber mein Keks«, protestierte Marco.

»Und wenn's die Katze gefressen hätte …?«, grinste Christian und schlenderte zum Sandhaufen. Obwohl die beiden in die siebte Klasse gingen, spielten sie doch immer noch gern im Sand. Inzwischen hatten sie sich von irgendwoher heile Steine besorgt und bauten damit alle möglichen Hochhäuser. Oder sie saßen in der Schaukel und tuschelten über »Weiber« oder über die Größe ihrer Penisse.

Und keiner sagte ihnen, dass sie ein gutes Verhältnis zu ihren Penissen aufbauen müssten, um in der Liebe und im Leben erfolgreich sein zu können.

Behandeln sie ihr männlichstes Teil mit Respekt und Liebe, tun sie es auch mit den übrigen Teilen ihres Körpers und strahlen dies durch ihre Körpersprache auch auf die Umgebung ab, die es ihnen mit gleicher Münze zurückzahlt.

Das wissen sie nicht, und so reagieren sie, wie es ihnen ihre Eltern im Kleinkindalter mit »Ih-baba« gesagt hatten, verachten ihren Penis, machen dumme

Witze über ihn oder vernachlässigen ihn sogar. Die Folge ist ein mieses Liebesleben und frühe Impotenz.

Jetzt, in der Pubertät, wäre es höchste Zeit, ihnen dies zu erklären. Doch wer vergreift sich schon an dem Tabuthema?!

Bei Unstimmigkeiten schlugen sich die beiden Jungen nicht mehr. Christian hatte eine fiesere Art entwickelt. Er schrie Marco an – mit Ausdrücken, oje, oje! – und verwies ihn vom Grundstück. Dass er sich damit selbst bestrafte, dämmerte ihm aber bald.

Marco war mit Schulanfang in eine Fußballmannschaft eingetreten. Obwohl Oma Christian zuriet, ebenfalls mitzumachen, konnte der sich nicht dazu entschließen. So saß er nun mehrmals in der Woche gelangweilt in der Gegend herum, drückte die Knöpfchen seines Gameboys oder spielte lustlos mit dem Ball.

Cornelia hatte ihren Heiko vor die Tür gesetzt, weil er nicht vom Alkohol lassen konnte. Sie fürchtete außerdem, dass Christian eines Tages verführt werden könnte, denn der himmelte Heiko an und sprach bei ihm schöne vollständige Sätze, während er sonst nur noch Brocken von sich gab. Seine Leistungen in der Schule verschlechterten sich.

Cornelia jammerte darüber bei ihrer Mutter.

»Wenn die Schulsachen genauso aussehen wie sein Zimmer, ist es kein Wunder«, äußerte die. »Sorge dafür, dass der Junge endlich eine gewisse Ordnung einhält. Das wird natürlich jetzt sehr schwer, weil es nicht von klein auf geübt wurde. Und außerdem lies täglich mit ihm. Ich habe festgestellt, dass Christian nur stockend lesen kann. Lesen aber ist die Grundlage in allen Fächern.«

»Wie soll ich denn das schaffen, jetzt, wo ich die

Arbeit habe?«, klagte das Töchterlein sogleich und sah ihre Bequemlichkeit bedroht.

»Na ja, wenn du es nicht schaffst, werde ich mit ihm lesen«, erbot sich die Mutter. »Aber mach ihm klar, dass du das möchtest. Nicht dass er mich als Blitzableiter benutzt oder sich weigert und ich jedes Mal einen Kampf ausfechten muss!«

Lustlos las Christian nun täglich eine Seite und begann zu handeln, wenn der begonnene Abschnitt darüber hinausging. Oma überprüfte auch, ob er beim Lesen etwas vom Inhalt kapiert hatte, und fand es dürftig. So erweiterte sie das Programm und ließ sich aus den Schulbüchern etwas vorlesen.

»Weißt du, er macht es so lustlos, dass nicht viel dabei herauskommt«, sagte sie zu Cornelia. »Seine Grammatikkenntnisse sind nicht schlecht, aber ansonsten ...«

»Bei der letzten Elternversammlung beschwerten sich die Lehrer, dass die Klasse sehr unruhig ist. Aber das ist seit der vierten Klasse ja nichts Neues. Immer die gleichen Schüler. Christian ist aber nicht dabei«, fügte sie rasch voller Stolz hinzu.

»Vielleicht wäre er in der anderen Schule besser aufgehoben«, seufzte Oma, »in der jetzt sein Freund Wagi ist.«

»Ja, aber hier kann er, wenn er später will, auch das Abitur machen«, eiferte sich Cornelia.

»Mit solchen Leseleistungen?«

»Bei manchen platzt eben der Knoten spät«, verteidigte sie ihren Sohn. Oma drehte sich weg. Das Gerede ging ihr seit Jahren gegen den Strich. Woher sollte denn etwas kommen, wenn man nichts investierte?

Neuerdings kam ein alter Kumpel, mit dem Cornelia nun zu verschiedenen Veranstaltungen zog.

»Das ist wirklich nur ein alter Freund!«, versicherte

sie jedem. »Den kenne ich doch schon fast zwei Jahrzehnte. Mit dem spielt sich nichts ab!« Aber als sich absolut kein neuer Verehrer einfand, lagen sie schließlich doch beide zusammen im Bett.

Natürlich hatte Christian alles mit offenen Augen und Ohren mitbekommen. Den alten Neuen (oder umgekehrt) kannte er ja von klein auf. Gero sagte ihm auch nicht viel. Wenn es am Abend spät war und Christian noch in der Wohnstube in den Fernseher starrte, genügte Geros »Wird es nicht langsam Zeit für dich?«.

Eines schönen Morgens kam Cornelia aufgeregt zur Mutti gerannt. »Christian hat in der Taille einen roten Fleck. Bestimmt zwei Handflächen groß. Komm doch bloß und sieh dir das an. Was soll ich denn nur machen? Ich muss doch gleich zur Arbeit und kann jetzt nicht mit ihm zum Arzt!«

Oma besah ihren Enkel, der sie seinerseits neugierig musterte.

»Ich meine, dass ist die Gürtelrose. Hast du Schmerzen?« Christian schüttelte vehement den Kopf. »Sei froh! Ich habe unten Zinksalbe …«

Gero, der bis zu diesem Moment stumm im Sessel gesessen hatte, sprang auf. »Ich fahre mit ihm zum Arzt!«, erbot er sich rasch. Endlich konnte er sich nützlich machen, und wer weiß, was die alte Frau da rausgehauen hatte. Gürtelrose bei einem Kind!

Genau diesen Satz sprach auch Cornelia nun sehr ungläubig.

Ihre Mutter schaute von einem zum andern.

»Seelische Belastung … Immunschwäche … könnten Gründe sein. Bin gespannt, was der Arzt sagt.«

Cornelia war längst zur Arbeit, als Gero mit Christian zurückkehrte. Neugierig empfing die Oma sie an der Haustür. »Nun?«

»Du hattest Recht«, gab Gero kleinlaut zu. »Und 'nen großen Topf Zinksalbe haben wir bekommen und sollen sie auftragen.«

»Dann tut das, ihr zwei.« Und zu Christian gewandt ergänzte sie: »Iss mehr Obst und Gemüsefrüchte. Roh natürlich, damit deine Abwehr besser wird. Und lass die Brause stehen. Trink lieber Wasser oder Tee, das ist gesünder.« Damit ging sie in ihre Wohnung und die beiden stiegen schweigend die Treppe hoch.

In dieser Zeit wurde Christians Zimmer ein wenig ordentlicher.

»Na ja, weißt du, hier sieht es ja aus ... Wenn meine Tochter das sieht ...«, hatte Gero geäußert. Seine Tochter ging in die Parallelklasse, und es konnte sein, dass sie plötzlich hier auftauchte. Neulich wurden auch beide Kinder zu einer Musikveranstaltung mitgenommen.

Neuerdings verlangte Cornelia von Christian, dass er seine Schmutzwäsche im Bad in die einzelnen Behälter lege. Einmal hatte sie seine Sachen, weil sie nicht drin waren, einfach nicht mitgewaschen. Das wirkte. Schmutzige Sachen wollte er nicht anziehen.

Er war ein hübscher Bursche und die Mädchen schauten schon nach ihm. Aber seine kurz angebundene Art, auch seine abfälligen Bemerkungen trugen dazu bei, dass ihn keine als Freund wollte.

Marco hatte sich verändert, seit er im Fußballverein war. Er zeigte sich höflich, hatte stets ein nettes Wort für die anderen, und so hatte er auch bald eine Freundin. Manchmal standen die beiden in der Pause zusammen.

Das wurmte Christian natürlich und er ließ Marco zu Hause manchmal »abkotzen«. Marco lächelte dann nur überlegen und war noch freundlicher zu ihm. Er zeigte auch bessere Leseleistungen und seine Schulsachen waren ordentlich. Darauf achtete seine Mutter.

Wenn Oma noch mit ihrem Enkel ackerte, sprang Marco häufig ein, wenn Christian mühselig fragmentarische Reste des vormittäglichen Schulstoffs in seinem Gedächtnis zusammenkratzte. Die anerkennenden Blicke der Oma taten ein Übriges. Da übersah er die verächtlichen seines Freundes absolut. Die nächsten Zeugnisse der beiden enthüllten deutliche Unterschiede.

Gero schüttelte missbilligend den Kopf. »Mit dem Zeugnis kannst du aber keine Ehre einlegen. Meine Tochter hat im Augenblick auch einige Probleme mit meiner Ex, aber so schlecht ist sie nicht.« Ja, Christian hörte kaum ein Lob. Er bekam zwar das meiste, was er wollte, aber glücklich und zufrieden war er nicht.

Gero fühlte sich inzwischen wie der Hausherr. Zur Zeit war er arbeitslos und tauchte täglich bei Cornelia auf, wenn sie von der Arbeit kam, und ging, wenn sie wieder zur Schicht musste. Das schien ihr immer stärker zu missfallen.

»Schluss!«, sagte sie eines Tages zu ihm. »Du hängst ständig hier herum, suchst dir keine neue Arbeit und gehst mir auf den Keks! So habe ich mir das nicht vorgestellt.«

»Und unsere Freundschaft?«, fragte er betroffen.

»Die bleibt davon unberührt. Wir können uns unterhalten, aber mein Bett ist ab heute tabu für dich.«

Völlig am Boden zerstört nahm er seine drei Sachen und verschwand. Christian nahm es äußerlich ziemlich gelassen auf.

Doch im Innern quälten ihn Fragen: Warum kam seine Mutter nicht mit den Kerlen klar? Stöhnten sie nicht gut genug? Er hatte es manchmal gehört. Was wollte sie von denen eigentlich? Ob sie es selbst wusste? Marcos Mutter hatte scheinbar nicht solche Schwierigkeiten. Oder stellte die nicht so hohe Forderungen? Hatte Mama nicht zur Oma gesagt, Gero sei stinklangweilig im Bett? Was hätte er denn machen sollen? Das konnte sich Christian beim besten Willen nicht vorstellen. Nun war sie wieder ohne. Was würde sie nun für einen aufreißen?

Ein paar Wochen verstrichen. Cornelia wurde erneut arbeitslos. Neuerdings lagen wieder angestrichene Annoncen herum. Christian beäugte sie argwöhnisch.

»Ist doch viel schöner so, nur mit uns beiden«, meinte er eines Abends, als sie ihn endlich gegen zwölf ins Bett schickte.

»Na ja, für dich vielleicht, aber nicht für mich«, entgegnete sie. »In ein paar Jahren bist du so alt, dass du von zu Hause weggehst, dann stehe ich ganz alleine da. Ich bin doch noch keine alte Frau oder?«

»Nee, eine alte Frau bist du nicht«, gab er widerwillig zu. »Aber die Kerle bringen doch immer alles durcheinander.«

»Tut mir Leid, Chrissi, aber ich möchte nicht alleine leben. Vielleicht finde ich diesmal einen, der dir auch gefällt«, tröstete sie ihn und nahm ihn in den Arm.

»Kann ich morgen früh wieder kuscheln kommen?« Das vermisste er auch, wenn ein Kerl da war.

»Na klar, mein Schatz! Ist doch Sonntag!«

Eines Tages, als Christian nach der Schule den Briefkasten leerte, war ein Brief mit unbekannter Schrift dabei. Stumm reichte er ihn der Mama und sah ihre Aufregung, als sie den Brief aufriss. Sie las. Er wartete. Um es zu kaschieren, schüttete er sich Brause ins Glas und trank schluckweise. Endlich war sie fertig und ließ sich in einen Sessel sinken. Sie schien ihn vergessen zu haben.

»Na?«, erinnerte er sie an sich. Sie schrak zusammen. Aber ihr Gesicht leuchtete, was ihn sogleich störte, und seine Stacheln richteten sich auf.

»Ja, also«, begann sie sachte. »Er hat auch einen Sohn in deinem Alter. Er möchte, dass ihr beide euch kennen lernt bei unserem Treffen.«

»Uff!« Christian sackte zusammen. Das wurde ja immer verrückter. Was sollte *er* denn dabei? »Muss das sein?«, quetschte er hervor.

»Ist doch sehr vernünftig«, begründete Cornelia. »Da könnt ihr euch doch unterhalten und abchecken, ob ihr euch mögt.«

»Na, wenn du den Mann willst, zähle ich doch sowieso nicht!«

»Wie kommst du denn darauf?« Cornelia schaute den seit kurzem 14-Jährigen entgeistert an.

Der zuckte mit den Schultern und schlurrte in sein Zimmer, die Schultasche am Riemen hinter sich herziehend wie einen Hund.

Am Nachmittag kam Marco und hörte aus drei hingeworfenen Brocken, dass sein Freund ein Problem hatte. Er entlockte ihm noch drei weitere und reimte sich den Rest zusammen.

»Nun, meine Schwester und ich, sind damals auch mitgegangen und haben Ronald begutachtet. Wären wir beide dagegen gewesen, hätte meine Mutter ihn nicht genommen. Nach dem ersten Treffen sind wir dann hierher in sein Haus gefahren und haben uns alles angesehen. Na ja, mein Zimmer hier ist ja bescheuert, aber vorher hatte ich eins mit meiner Schwester zusammen. So gesehen ist dies ein Fortschritt.«

Er konnte sich gut ausdrücken, fand Christian.

»Ja, du, du würdest dich mit so 'nem Knilch sogar unterhalten«, stieß er voller Verachtung heraus.

»Du weißt doch gar nicht, ob es ein Knilch ist«, empörte sich Marco. »Vielleicht ist er sehr nett!«
»Du findest ja alle nett!«
»Nee, den aus der Neunten finde ich auch bescheuert!« Es war einer, der jüngere Schüler stets hinterlistig ärgerte, gleichzeitig aber den Hilfsbereiten mimte. Letztens hatte er beim Hineingehen ins Schulhaus vor Christian blitzschnell den zweiten Türflügel aufgerissen. Der blaue Fleck an der Hüfte leuchtete in allen Farben!

Missmutig saß Christian im Auto. Auch der Platz auf dem Beifahrersitz konnte ihn heute nicht umstimmen. Wenn Mama keinen Ollen hätte, würde er ja immer auf ihm sitzen können! Na ja, wenn sein Onkel Frank – den er nie Onkel nannte, sondern meistens Fränki – nicht mitfuhr! Überhaupt wäre das doch am schönsten! Fränki sagte ihm nie etwas, ließ ihn aufbleiben, so lange er wollte, wenn Mama aus war, und kaufte ihm, was er bei Mama nicht erreichen konnte, zum Beispiel die Lastautos, die es mit den Bierkästen gab. Er seufzte.
Draußen flog die Landschaft vorbei. Ihre Schönheit beachtete er nicht. Konnte er auch nicht. Schließlich hatte in seiner Gegenwart diese Landschaft hier noch nie jemand schön gefunden. Woanders ja, da hatte auch Mama gewundert, wie schön es sei. Aber hier!
45 Kilometer waren sie gefahren, als Mama auf einem Parkplatz bei einer großen Raststätte anhielt. Sein Herz begann zu wummern. Lässig, den coolen Typen mimend, ging er neben ihr. Im Restaurant saßen nicht viele und nur *ein* Mann mit einem Jungen! Beide nicht auffällig gekleidet. Jeans. Der Mann stand auf, als sie näher kamen, der Junge erhob sich ebenfalls.

Beide waren größer als Christian, der Mann bestimmt 30, der Junge nur wenige Zentimeter. So'n Mist, wenn er wenigstens kleiner wäre. Sieht auch noch sportlich aus. Aua, sein Händedruck sagte das ebenfalls! Mühsam drückte er ein »'n Abend« durch die Zähne und hing sich auf den gewiesenen Stuhl.

Was die alles quatschten! Jetzt versuchte doch wahrhaftig der Knilch ein Gespräch anzufangen. Christians Blick wurde eisig. Er antwortete nur kurz mit »Ja« und »Nee«, warf einen Blick auf seine Uhr, stellte fest, dass schon eine halbe Stunde vergangen war – ihm erschien es wie unendlich –, stand plötzlich auf, wobei beinahe der Stuhl nach hinten gekippt wäre, und knurrte: »Kommst du?«, drehte sich um und schlenderte wie der Jonny aus dem Film neulich dem Ausgang zu. Er ließ damit seine Mama in entsetztes Schweigen fallen. Rasch versuchte sie eine Erklärung anzubringen. »Pubertätsprobleme ...«, nuschelte sie, entschuldigte sich für Christian und folgte ihm wütend. Der Mann und auch der Junge, beide hatten ihr gefallen. Sie hätte sich ein Zusammenleben gut vorstellen können. Der Mann hatte Arbeit, gute Arbeit, vielleicht würde er nie arbeitslos sein ...

Wortlos startete sie ihr Auto und fuhr los. Aber nach einer Weile hielt sie es nicht mehr aus. Sie fuhr auf den nächsten Parkplatz und ließ eine Kanonade los. So blamiert, so hereingelegt hatte sie noch niemand! Sie weinte. Sie wusste nicht, dass es ihre Willensschwäche dem Sohn gegenüber war, diese Verhätschelung, die nun Früchte trug. Bittere Früchte!

Ganz klein saß währenddessen Christian in seinem Sitz. Schuldgefühle wuchsen in ihm und jedes ihrer Worte nährte sie. Und vor allem ihre Tränen! Am liebsten wäre er davongelaufen.

Stumm schlich er zu Hause in sein Zimmer, schloss

es ab, warf sich in die Kissen und heulte los. Warum konnte er nicht wie andere in einer ganz normalen Familie leben? Warum hatte er es sooo schwer? Aber gab es überhaupt normale Familien? Letztens hatte er gehört, dass Wagis Mutti einen Freund hatte und über Scheidung nachdachte. Und in seiner Klasse gab es auch viele Scheidungskinder. Ob die auch alle solche Probleme hatten wie er? Aber er konnte sie ja nicht einfach fragen! Überhaupt fragen! Er sprach ja mit den meisten kaum.

Drei Wochen später hatte Mama wieder dieses Leuchten in den Augen, als er aus der Schule kam. »Hat sie bei mir nie«, stöhnte er innerlich und verkroch sich im Computer. Die Spiele ließen ihn alles vergessen. Stunden saß er daran, wenn ihn keiner störte.

Neuerdings hatte Marco auch so eine Masche wie die Erwachsenen: »Warst du heute noch nicht draußen?« Die Frage machte ihn wütend, aber er konnte sich nicht leisten, ihn anzuschreien oder gar wegzujagen. Dann war es möglich, dass er nicht wiederkam. Eine Woche ohne ihn war die Hölle.

Am Abend hing Mama eine halbe Stunde am Telefon und ihre Stimme klang ... wie nur? Honigsüß? Eifersucht überfiel ihn und am liebsten hätte er den unbekannten Kerl niedergemacht.

Endlich war Schluss und sie kam zurück vor den Fernseher. Sie sagte jedoch nichts, blickte nur zur Uhr und schickte ihn ins Bett. Nach einer halben Stunde kam sie zu ihm, um ihm »Gute Nacht« zu wünschen.

»Und was ist das diesmal für einer?«, stieß er hervor, als sie keine Anstalten unternahm, ihm etwas zu sagen.

»Groß, schlank, ein bisschen älter als ich, hat zwei

Kinder, die aber bei der Mutter leben, und am Wochenende wollen wir uns treffen.«

»Aber ohne mich!«, fuhr Christian auf.

»Beruhige dich. Dazu nehme ich dich nie wieder mit. Wenn er mir gefällt, musst du eben zusehen, wie du klarkommst.« Danach gab sie ihm den üblichen Abendkuss und ging.

Ein Weilchen grübelte er, wie er das alles verhindern könnte, doch schließlich schlief er ein.

Am Morgen dachte er nicht mehr daran, sondern an die blöde Schule. Irgendetwas war da, das ihn drückte. Er kam nicht darauf. Erst als der Lehrer in die Klasse trat, fiel ihm ein, dass sie heute eine Arbeit schreiben sollten. Verdammt! Er hatte keine Ahnung von dem Zeug! Lustlos klierte er etwas hin, wusste, dass es nichts wert war, versuchte abzugucken, was auch nichts brachte, und gab schließlich das Blatt mit dem Bewusstsein ab, versagt zu haben.

Als er zu Hause auf die Tür zuschlurfte, öffnete die Oma.

»Möchtest du essen?«, fragte sie lächelnd. »Es ist noch warm!«

»Ich nehm's mit nach oben«, nuschelte er.

»Na, war was in der Schule?«, wollte Oma wissen. Doch er knurrte nur, griff sich den Teller und schlich die Treppe hoch. Sie hörte noch die Tasche oben auf den Fußboden plumpsen, dann war Stille.

»Ich weiß nicht«, sagte sie zum Opa, »ob alle Kinder heute so sind? Unsre waren jedenfalls anders.«

»Die vom Großen sind anders«, erklärte Opa. »Du weißt doch, die Gisa kann gar nicht genug reden. Na ja, Paul ist nicht so gesprächig, aber ein ordentliches Gespräch kann man auch mit ihm führen.«

Oma nickte. »Ja, dort wird der Fernseher nur zu bestimmten Sendungen angeschaltet und hinterher wird auch oft noch darüber gesprochen. Sie achten auch darauf, dass die Kinder nicht stundenlang die Computerspiele durchziehen, und haben auch von klein auf dafür gesorgt, dass sie in andere Gemeinschaften kamen. Gisa hat ja viele verschiedene Dinge ausprobiert, aber beim Schwimmen holt sie nun laufend Urkunden.«

»Und Paul beim Fußball«, ergänzte Opa. »Neuerdings probieren sie Badminton. In ihrem Umfeld gibt es auch mehr Möglichkeiten als hier.«

»Wenn man ernstlich will, findet man auch etwas. Aber ich glaube, Cornelia ist vor allem auf ihre Bequemlichkeit aus. Gert und Inka dagegen sind ständig unterwegs mit ihren beiden. Mal muss Gisa zum Schwimmen nach sonst wo und Paul spielt irgendwo Fußball. Da können sie am Wochenende selten bis in die Puppen im Bett liegen!«

»Ja, und wir können beim Christian nicht alles ersetzen, was ihm fehlt oder vorenthalten wird.«

Opa seufzte und dachte an die Zeit zurück, als er mit dem Fahrrad über zwei Dörfer gefahren war, um mit dem kleinen Christian im Wald herumzutoben. Manchmal hatte er dann Christians Freunde auch noch mit dabei. Ja, ein richtiger Vater ist schon etwas wert und nicht zu ersetzen!

Während der ganzen Woche peinigten Christian jeden Abend Cornelias ewige Telefongespräche. Ohnmächtig musste er das Geschwafel mit anhören. Und das Gekicher erst! Darüber konnte ihm Marcos ganze Freundlichkeit nicht hinweghelfen.

Am Samstagnachmittag, nach ihrer Schicht, machte sich Cornelia schick. Christian sah es mit gemischten Gefühlen.

Bei den Eltern und beim Bruder schaute sie rasch noch vorbei.

»Kann sein, ich komme spät. Steckt den Schlüssel nicht von innen ins Schloss«, sagte sie mit freudestrahlendem Gesicht, setzte sich ins Auto und fuhr davon. Ob sie ahnte, dass ihr viele Augenpaare nachblickten?

Natürlich blieb sie über Nacht dort, weil sie feststellen wollte, ob er zu ihr passe. Außerdem hatten beide Nachholbedarf.

Sonntagnachmittag kam ihr Anruf. »Hallo, wir kommen beide ...«

»Na, das ging ja schnell«, meinte Oma schief lächelnd.

Christian traf es wie ein Peitschenschlag. Mama wieder zur Arbeit und der fremde Knilch in der Wohnung! Was würde er denn noch alles ertragen müssen?! Waren denn alle gegen ihn? Könnte nicht Fränki oder Opa sagen: »Schluss mit den Kerlen!«? Aber nein, die ließen Mama machen, was sie wollte! Er fühlte sich sooo abgeschoben, hintenangestellt. »Alle können machen, was sie wollen, nur ich muss parieren!«, dachte er wütend.

Als Marco kam, spielten sie zusammen auf der Straße Fußball. Seine ganze Wut legte er in die Beine.

»Hey, was is'n los?«, schrie Marco entnervt, weil er den Ball zum x-ten Mal vom Feld holen musste.

»Brauchst doch nur zu halten«, grinste Christian.

»Wer soll denn die halten! Außerdem stehe ich hier und nicht da drüben, wo du hinschießt!«

Als Antwort schoss auch er einen Ball so, dass nun Christian weit rennen konnte. Gleich schlug seine Stimmung um.

»Wollen wir lieber Radfahren?«, fragte er, ging aber schon mit dem Ball unterm Arm auf den Hof, ohne die Antwort abzuwarten. Dort ließ er ihn fallen, gab ihm einen Stoß, dass er in eine Ecke kollerte, und schnappte sein Rad.

»Na gut«, rief Marco, »wer am schnellsten wieder hier ist!« Er blickte auf seine Uhr, beobachtete Christian aus dem Augenwinkel, und als der neben ihm stand, halb aufgesessen, gab er das Startzeichen. Beide preschten davon: vom Hof auf die Straße, von dort nach rechts auf einen Plattenweg, nach 1000 Metern bogen sie links auf einen unbefestigten Feldweg ab, der nach 1000 Metern eine 90-Grad-Kurve machte und 700 Meter weiter an einer Asphaltstraße endete. Von hier hatten sie noch 800 Meter bis zum Hof zu meistern.

»Sechs Minuten und 17 Sekunden«, stellte Marco schnaufend fest. »Du hast drei Sekunden länger gebraucht!«

Das hatte Opa gehört. »Was, länger habt ihr für den Weg nicht benötigt?«, fragte er entgeistert. Er kannte den Weg. Ein Stück war während der Feldarbeiten mächtig ramponiert worden.

»Die drei Sekunden sind gar nichts«, tröstete er Christian. »Marco hat schließlich viel bessere Reifen.«

»Gehen wir nach oben«, brummelte Christian und schob sein Rad in den Ständer. Marco bockte seins auf und schlenderte ihm nach.

Oben tranken sie zuerst einträchtig. Dabei bemerkten sie, dass Fränki am Computer saß. Christians Miene verdüsterte sich.

»Wie lange machst'n noch?«, knurrte er.

Frank sah ihn kurz an und spürte, dass dem Jungen nicht wohl in seiner Haut war. »Bin in zehn Minuten fertig. Dann könnt ihr ihn nehmen«, gab er freundlich Auskunft.

»Hoffentlich sind die dann noch nicht da«, presste Christian durch die Zähne. Marco war sofort im Bilde.

»Gehen wir so lange in dein Zimmer?«, fragte er leise.

Wortlos schlurfte Christian voraus. Wenn Marco nun ein aufgeräumtes Zimmer erwartet hatte, sah er sich getäuscht. Es lag keine Schmutzwäsche herum, außer ein paar Strümpfen, aber alles andere sah wie immer chaotisch aus.

»Wollen wir ein bisschen aufräumen, damit sie ein gutes Bild von dir bekommen?«, fragte er vorsichtig.

»Wag es nicht!«, knurrte Christian und schoss ihm unter seinen langen Wimpern hervor einen vernichtenden Blick zu. Er warf sich aufs zerwühlte Bett und schnappte sich den Gameboy. Aber er war nicht bei der Sache. Marco schob sich in den Sessel und nahm sich ein Comicheft.

Plötzlich hörten sie Cornelias Auto auf den Hof fahren. Marco schielte zu Christian. Hatte er wirklich nichts gehört oder tat er nur so? Christian spielte nur scheinbar weiter. Er war längst raus und hatte verloren.

Als Frank seinen Kopf ins Zimmer steckte, schaltete er den Gameboy lässig aus.

»So, ihr könnt jetzt an den Computer.«

Frank hatte den Satz noch nicht völlig ausgesprochen, als die Wohnungstür geöffnet wurde und Cornelias Stimme ertönte. Beim ersten Ton ließ Christian den Kopf aufs Bett fallen und legte die Hände darüber. Einen Moment lag er so. Nur Marco sah es und der Freund tat ihm Leid.

Frank hatte sich sogleich umgedreht und begrüßte nun Schwester und neuen Mann mit runden Augen. Das war ja wirklich der Größte, den sie da aufgerissen hatte. Bestimmt eins neunzig! Und mit Schnurrbart. Hoffentlich hatte sie diesmal mehr Glück! Er wusste nicht, dass die eigene Ausstrahlung stets die dazu passenden Menschen anzog. Mit Glück oder Pech hatte das wenig zu tun. Aber wer wollte, konnte es ändern. Er musste »nur« seine Gedanken und damit seine Ausstrahlung ändern.

»Ist Christian in seinem Zimmer?«, fragte Cornelia Frank. Der nickte, machte eine verabschiedende Handbewegung und ging nach unten in seine Wohnung.

Cornelia führte nun Silvio durch die Wohnung. Zuletzt klopfte sie an Christians Zimmer, nicht ohne ihn vorher schon vorgewarnt zu haben. Als ein zögerndes »Ja« ertönte, öffnete sie langsam die Tür. Der Anblick raubte ihr einen Moment die Luft.

»Hab ich mir gedacht«, stieß sie dann hervor. »So, das ist Christians Höhle und da ist er selbst.« Ganz langsam bewegte sich Christian und richtete seinen Blick auf den Neuen. Währenddessen sprang Marco auf, reckte dem Fremden seine Hand entgegen und stellte sich selbst vor. »Soll ich verschwinden?«, fragte er noch leise Cornelia.

»Nein, von mir aus nicht«, sagte Cornelia und im gleichen Augenblick erklang Silvios sonore Stimme mit genau denselben Worten. Die beiden blickten sich an und lachten verliebt.

Nun hatte sich Christian endlich zur vollen Größe aufgerichtet und streckte seine Rechte unschlüssig dem Mann entgegen. Der nahm die lasche Hand in seine, drückte sie nicht zu kräftig und sah dem Jungen in die Augen.

»Freut mich, Christian. Du bist aber schon groß. Sag Silvio zu mir. ›Eh du‹ höre ich nicht gern!«

»Der kann mich mal«, dachte Christian und nuschelte: »Könn' wir an'n Computer?«

»Von mir aus«, lächelte Silvio und drehte sich fragend zu Cornelia um.

»Wart ihr heute schon draußen?«, fragte sie.

»Ja«, nickte Marco eifrig. »Wir haben Fußball gespielt und Rad ...«

»Komm!«, unterbrach ihn Christian barsch und drückte sich an den beiden Erwachsenen vorbei aus seinem Zimmer.

»'tschuldigung«, murmelte Marco und eilte hinterher.

Cornelia und Silvio sahen ihnen nach.

»Na, hab ich übertrieben?«, fragte sie entnervt, Tränen in den Augen, und drehte sich in dem unordentlichen Zimmer herum.

»Ach, das kriegen wir schon hin«, meinte er, neigte sich und küsste ihre Tränen fort.

Das Abendessen verlief ziemlich schweigsam, bis Silvio die Atmosphäre nicht mehr ertrug.

»Ich möchte ja kein Störenfried sein ...«, begann er vorsichtig.

»Dann hau doch ab!«, stieß Christian hervor.

»Das liegt nicht allein bei dir und mir«, meinte er freundlich und schmierte sich seine Stulle. »Deine Mutter möchte nicht ohne Mann bleiben, und den kannst du nun mal nicht ersetzen. Deshalb bin ich jetzt hier und irgendwie müssen wir miteinander klarkommen.«

»Ich nicht!«

»Gerade du. Weil du noch nicht alleine existieren kannst. Und ich werde immer für dich da sein. Zuerst natürlich deine Mutter«, setzte er rasch hinzu, als er Christians Miene sah. »Wird für mich nicht leicht. Ich habe keine Erfahrung mit Kindern. Mein Ältester ist zwar auch in deinem Alter, aber ich kenne ihn überhaupt nicht. Ich weiß gar nicht, wo er jetzt lebt und ob er noch lebt. Die Frau ist gleich nach der Entbindung mitsamt dem Jungen und allen

Sachen verschwunden und ich habe sie nicht wiedergefunden.« Seine Augen blickten traurig und Christian sah es.

»Mama sagte, du hast zwei Kinder!«

»Ja, stimmt. Vor ein paar Jahren war ich auf Montage in Norddeutschland. Da lernte ich eine Holländerin kennen. Wir heirateten bei ihr und sie hatte auch zuerst kein Problem damit, dass ich die ganze Woche weg war. Dann kam das Kind, wieder ein Junge, und plötzlich war alles anders. Sie schimpfte, weil ich nie da war, wenn sie mich brauchte, und eines Tages saß da ein anderer und ich konnte gehen. War nicht leicht für mich. Der Kleine begann gerade zu krabbeln. Ich habe ihn nie wiedergesehen. Inzwischen ist er schon vier Jahre.« Er kaute schweigend und wieder sah Christian Trauer in seinen Augen.

»Und seit damals keine mehr?«, presste er heraus, eine steile Falte auf der Stirn, die sagen sollte: »Da kann doch etwas mit dir nicht stimmen.«

»Es kommen viele Frauen nicht damit zurecht, dass ich die ganze Woche auf Montage bin. Aber ich habe nun mal so einen Beruf. Ich finde, dass die Frauen der Seeleute noch schlechter dran sind.«

»Und jetzt bist du arbeitslos?«, erkundigte sich Christian misstrauisch.

»Nein, krankgeschrieben. Am Mittwoch muss ich wieder zum Arzt. Ich nehme an, dass ich dann in eine Reha-Klinik muss.«

»Und was haste?«

»Mit der Wirbelsäule. Aber es ist schon fast in Ordnung. Wenn man seine Übungen macht, dann festigt sich alles wieder. Ich dachte immer, wenn ich arbeite, das sei genug Sport für meinen Körper. Ich muss ja schließlich in luftiger Höhe herumturnen und Stahl zusammenbauen. Aber es reicht eben doch nicht. Nun soll ich in der Reha noch den letzten Schliff kriegen, damit ich wieder richtig schuften kann.«

Um ihn zu provozieren, schwang sich Christian zu einer richtigen Rede auf. »Hab von Oma gehört, dass jede Krankheit von einer kranken Seele kommt!« Neugierig schaute er den Neuen an.

Silvio schluckte. »Hm«, machte er erst mal und seine Gedanken rotierten. »Da ist wohl etwas dran ... Ich hatte immerzu Pech ... mit den Frauen ... und da hab ich das auch ständig gesagt ... und plötzlich ging es mir auch körperlich nicht mehr gut. Hm.« Er schwieg nachdenklich.

»Ja, meine Mutter beschäftigt sich mit lauter so'n Kram«, glaubte Cornelia erklären zu müssen. »Was die alles für Bücher liest!«

»Lass sie doch. Vielleicht hat sie auch'n Tipp für mich.« Er lächelte, meinte es nicht ernstlich. Schließlich wusste er doch am besten, was für ihn gut war und was nicht! Jetzt hoffte er wieder einmal, endlich die richtige Frau gefunden zu haben. Und mit einem Sohn! Endlich würde auch er eine richtige Familie haben. Er wurde ja nun bald 40!

Christian war satt, schob seinen Stuhl zurück, murmelte »Hey« und ging in sein Zimmer.

»Was denn«, staunte Silvio, »räumt er nicht mit ab?«

»Habe ich nie gefordert.« Cornelia errötete. »Wir waren doch meistens allein und da habe ich das alles schnell erledigt.«

»Er muss seinen Anteil haben. An allem. Nicht nur an den guten Dingen. Ich will dir ja nicht ins Handwerk pfuschen, aber wenn du über Schwierigkeiten mit ihm klagst ...«

»Ja, ja, du hast ja Recht. Meine Mutter sagt das auch immer. Aber wenn er mich dann ansieht, dann werde ich butterweich.«

»Jetzt bin ich ja da.« Er tätschelte ihre Hand und warf ihr über den Tisch einen Kuss zu. »Auch die Unordnung in seinem Zimmer ... Wenn du gestattest, werde ich dafür sorgen ...«

»Aber dann wirst du der Böse sein«, warf sie ein.

»Ich werde ihn ja nicht verhauen! Aber immer wieder darüber sprechen und bei der Forderung bleiben.«

»Ja, ich achte meistens nicht darauf, ob er meine Forderungen erfüllt. Meine Mutter hatte bei uns stets einen Spruch bei der Hand: »Ordnung ist das halbe Leben«, und wir haben dagegengehalten: »Das Genie beherrscht das Chaos!« Sie seufzte.

Er lachte. »Ja, aber wer ist schon ein Genie!«

Als Silvio zur Kur war, atmete Christian auf. Für sechs Wochen hatte er seine Mama wieder für sich ganz alleine. Aber so richtig wie früher wurde es nicht mehr.

Am Abend hing sie ständig am Telefon und am Wochenende fuhr sie zu *dem*. Als sie erneut arbeitslos wurde, freute er sich richtig. Nun war sie zu Hause, wenn er von der Schule kam. Und in den Kurzferien ebenfalls. Da kroch er morgens zu ihr ins Bett zum Kuscheln. Hach, das war doch was! Sie hatte so schöne dicke Dinger! Anfassen traute er sich ja nicht, aber seinen Körper dagegen pressen. Wie sich das anfühlte! Er konnte die Kerle schon verstehen! Gleichzeitig kochte in ihm die Eifersucht hoch!

Und dann war dieser Silvio wieder da und Schluss war mit der Kuschelei. Dabei waren Sommerferien! Verdammt langweilig würden die werden, wenn Marco nicht da war. Eine Woche würden ja Gisa und Paul hier bei Oma und Opa sein, aber wenn die dann fort waren ... Und Silvio hatte telefonisch mit seinem ehemaligen Chef in Süddeutschland gesprochen. »Ich kann jederzeit wieder bei ihm anfangen«, berichtete er danach strahlend.

Christian schaute ihn verwirrt an. So wie seine Mama den anhimmelte, bekam sie es fertig und zog mit dem bis zum Bodensee. Zum ersten Mal nahm er unaufgefordert seinen Atlas und steckte die Nase hinein.

In der ersten Ferienwoche hing er mit Marco zusammen. Marco schlief einige Nächte bei ihm. Umgekehrt ging es schlecht, weil Marcos Zimmer so klein war und die Eltern immer da durchmussten. Deshalb spielten sie auch stets bei Christian. Cornelia nannte ihn manchmal den Ziehsohn und Oma hatte auch schon Zusatzenkel gesagt. Marco freute sich darüber und tat alles, um den Erwachsenen zu gefallen.

Dann fuhr Marco zu seinen Großeltern. Aber Christian hatte gleich in der nächsten Nacht einen neuen Mitschläfer: Paul.

Gisa schlief auf dem ausgebauten Spitzboden. Das gefiel ihr besser als im Besucherzimmer im Keller. Obwohl es natürlich im Sommer dort unten schön kühl war.

Viel mussten sich Oma und Opa nicht mehr um die Enkel kümmern. Oma kochte und beantwortete vor allem Gisas Fragen und Opa schaffte es, sie zweimal zu einer Radtour zu überreden. Dann fragte doch Paul am Abend seinen Vater Gert am Telefon ganz empört: »Darf uns Opa zum Radfahren zwingen?«

Oma lachte laut auf. Und Gert am anderen Ende der Leitung meinte: »Müsst ihr denn gezwungen werden? Geht ihr denn sonst den ganzen Tag nicht raus?«

»Das ist es ja! Wir toben draußen herum, baden und so was alles und Opa will immer mit uns noch sooo weit fahren!«

»Also zwingen darf er euch nicht, wenn ihr schon draußen wart. Aber ihr wisst, immerzu am Computer hängen ist falsch und dann muss Opa ein Machtwort sprechen!«

»In Ordnung. Tschüs.« Paul legte den Hörer auf. Triumphierend blickte er Opa an. »Siehste! Morgen fahren wir nicht mehr mit. Da kannste alleine sonst wohin fahren!« Raus war er. Opa und Oma hielten sich die Bäuche vor Lachen.

Aber sie sagten nicht, ob sie danach noch mit Gert und Inka gesprochen hatten. Jedenfalls fiel Christian aus allen Wolken, als sie am Wochenende kamen und ihm vorschlugen, für 14 Tage mit zum Paddeln auf die Mecklenburgischen Seen zu kommen. Er war ganz aus dem Häuschen.

So lange war er noch nie von seiner Mama getrennt gewesen. Wenn er sich richtig erinnerte, hatte er vielleicht dreimal eine Woche bei seinem Vater verbracht. Letztens war's gut. Da durfte er mit ihm im Laster fahren und auch darin schlafen. Das fetzte! Irgendwo hatte Papa angehalten und sie hatten etwas gegessen. Und morgens hatten sie sich ein bisschen das Gesicht in irgendeiner Toilette gewaschen. Das war alles! Na ja, zuletzt hatte er ganz schön gerochen.

Er wollte seine große Reisetasche nehmen, doch Onkel Gert gab ihm einen Rucksack. »Sortiere gut. Mehr können wir in den Paddelbooten nicht unterbringen. Unterwäsche nur einmal. Ausgezogenes wird gleich wieder gewaschen und getrocknet. Steck dir etwas Warmes ein …«

»Is doch Sommer!«, empörte sich Christian.

»Es kann manchmal verdammt kalt sein. Hast du etwas, das den Wind abhält?« Gert beguckte sich Christians Sachen im Kleiderschrank. »Ich geh mal zur Oma!«

Als er zurückkam, hatte er Omas rote Windjacke in

der Hand. »Die soll ich doch nicht etwa anziehen?!«
Christians Finger sauste an die Stirn.

Gert lächelte. »Die ist genau richtig. Schau, die kann man zusammendrücken, bis sie in eine Hand passt.« Er schüttelte die Jacke wieder auseinander. »Weil sie rot ist? Opa hat eine schwarze, aber ich befürchte, die ist dir zu groß!«

Christian raste an ihm vorbei und die Treppe hinunter. Triumphierend kam er zurück. In der schwarzen Jacke. Sie hing ihm zwar fast bis in die Kniekehlen, aber die Ärmel saßen dank Gummizug an den Handgelenken.

»Mir soll's recht sein«, lächelte Gert. »Da ist nämlich auch eine Kapuze dran. Auf dem Wasser ist es manchmal sehr windig.«

Ein paar Minuten später saß Christian strahlend zwischen Gisa und Paul im Auto und winkte den Zurückbleibenden kräftig zu.

Nach zwei Stunden Fahrt hielten sie mitten im Wald auf einem Zeltplatz. Christian musste nun beim Entladen genauso mit anpacken wie Gisa und Paul. Für die beiden war es nichts Neues.

Christian staunte, was der zwei Jahre jüngere Paul alles konnte, und kam seinen Anweisungen beim Zeltaufbau ohne Murren nach.

Danach mussten die Kinder auch beim Zusammenpusseln der Faltboote assistieren. Gert erläuterte dabei gleich, warum dieses oder jenes Teil genau an dieser und nicht an jener Stelle eingesetzt werden musste. Zuletzt lagen doch wahrhaftig zwei richtige Paddelboote neben den Zelten.

Währenddessen war Inka mit Gisa zum Einkaufen gewesen, sie hatten das Auto auf dem Parkplatz außerhalb des Waldes geparkt und kamen nun voll bepackt angeschlendert.

Hatten sie vorhin bei der Ankunft nur ihre mitgebrachten Stullen gegessen, wurde nun richtig gekocht. Jeder bekam seine Aufgabe. Christian schälte Kartoffeln. Noch nie hatte ihm eine Kartoffelsuppe mit Würstchen sooo gut geschmeckt!

Nach dem Mahl mussten die Kinder abwaschen. Viel war nicht am Geschirr, denn alles war ratzekahl leer gemacht worden, die Teller sogar abgeschleckt. Christian schnappte sich den großen Topf. Plötzlich stutzte er.

»Kriegen wir denn das Ding überhaupt in die Faltboote? Ihr habt gesagt, in zwei Tagen bauen wir ab und nehmen alles mit und ziehen um zum nächsten Zeltplatz.« So einen langen Satz hatte Gert vom Christian noch nie gehört. Er lachte.

»Wenn wir ihn nicht mitnehmen können, gibt es eben keine Suppe. Dann müssen wir ihn hier ins Auto legen und können erst wieder damit kochen, wenn wir hierher zurückkehren. So einfach ist das.«

Christian holte tief Luft, stieß sie aus und sagte: »Wäre aber schade.« Inzwischen wunderte er sich nicht mehr, wie sie überhaupt fünf Personen und die Zelte und und in die kleinen Boote kriegen wollten.

Am Nachmittag wurde angepaddelt. Sie trugen die Boote zum Wasser. »Die Männer in eins und die Damen in eins«, hatte Gert bestimmt und nun zeigten sie Christian, wie er einsteigen und sitzen musste. Paul saß vorn, Christian in der Mitte und hinten Gert. Auch das Paddeln musste er lernen.

Aber Paul erklärte großzügig: »Wenn du nicht mehr kannst, hörst du einfach auf. Wir sind ja dann immer noch zwei und schaffen es bestimmt bis in die nächste Bucht!«

Natürlich wollte Christian nicht hinter dem Jüngeren zurückstehen und strengte sich mächtig an. Gert mahnte: »Musst du nicht, sonst hast du morgen Muskelkater. Du übrigens auch, Paul. Hast schließlich auch ein ganzes Jahr nicht gepaddelt. Die Frauen werden am wenigsten merken, weil sie voll im Schwimmtraining sind.«

Am nächsten Morgen spürte Christian wirklich seine Arme, aber er ließ sich nichts anmerken. Paul auch nicht! Und Gert verkniff es sich, etwas zu sagen, obwohl auch er schwere Arme hatte.

An diesem Tag paddelten sie über den ganzen See, durch einen schmalen Flusslauf und am Rande eines anderen Sees entlang bis in seine äußerste Spitze. Hier machten sie eine mehrstündige Rast bei einer Badestelle, aßen Gurken und Tomaten mit Butterbrot, badeten und spielten Ball, bevor sie sich auf die Rücktour am anderen Ufer entlang begaben.

Als sie über den See zur Einfahrt des Flüsschens paddelten, frischte der Wind auf und im Nu waren die Wellen fast meterhoch. So schien es Christian jedenfalls.

»Gut, dass wir den Wind im Rücken haben«, meinte Gert. »Sonst müssten wir uns aber anstrengen.«

»Wenn wir jetzt noch ein Segel aufspannen«, rief Paul, »dann sausen wir aber ab!«

Auf dem Flüsschen war der Wind kaum zu spüren, ein Fächeln nur, aber in den alten Bäumen über ihnen rauschte er dahin.

»Wenn er sich nicht dreht, können wir uns noch einmal schieben lassen«, freute sich Paul. »Danke, Wind!«, rief er lachend.

Am Zeltplatz legten sie die Faltboote so, dass sie einen Windschutz ergaben. Aber kaum hatten sie alles arangiert, schien der Wind einzuschlafen.

»Umso besser«, meinte Gert. »Da können wir in aller Ruhe grillen.« Christians Mund klappte auf.

»Was denn? Wie denn?«, stotterte er.

»Inka und Gisa haben gestern auch eingeschweißtes Fleisch mitgebracht und Kartoffelsalat …«

»Ih, den esse ich nicht«, unterbrach ihn Christian.

»Wir haben auch noch Brot und Brötchen.« Gert zuckte die Schultern. »Bei uns ist noch keiner verhungert!«

Christian beäugte auch das Fleisch skeptisch.

»Aber Fleisch isst du doch«, erkundigte sich Paul.

»Aber kein fettes!«

»Da sind auch magere Stücken bei«, erklärte Paul daraufhin. »Fettes esse ich auch nicht, das gebe ich immer Papa.«

Als es endlich so weit war, langte auch Christian tüchtig zu und schaute nicht auf kleine Fettstreifchen. Dickere schnitt Inka vorsorglich ab. Die angelte sich sogleich Gert auf seinen Teller!

Am nächsten Morgen nach dem Frühstück wurden die Zelte abgebaut und Christian schaute neugierig zu, wie Gert alles in die Paddelboote verstaute. Bei jedem Stück erklärte er den Kindern, warum es an dieser Stelle am besten lag. Nach einer Stunde war der Platz leer. Sie räumten noch die Abfälle in die Container und dann paddelten sie davon.

Die Sonne brannte schon ordentlich vom Himmel, sodass sie sich auf dem See schützen mussten. Einen Sonnenbrand wollten sie nicht riskieren.

Im Kanal war es dagegen richtig schummrig und Vögel huschten durchs Geäst der alten Bäume. Irgendwo hämmerte ein Specht.

»Da, ein Eichhörnchen«, flüsterte Paul plötzlich und streckte den Arm weisend aus. Christian legte das Paddel ab, ohne loszulassen.

»Ich sehe es«, flüsterte er ebenfalls. Inka und Gisa hatten es auch entdeckt. Alle saßen ganz still und beobachteten das Tierchen, wie es an einem alten Zapfen das letzte Samenkörnchen herauspulte. Scheinbar war alles leer, denn urplötzlich sauste es davon.

»Jetzt sind noch keine Samen reif«, meinte Gisa. »Ob die ihre versteckten Vorräte vom letzten Jahr noch wiederfinden? Was meinst du, Mama?«

»Sie werden schon noch genug finden. Es sind ja nun auch schon andere Köstlichkeiten für diese Tierchen gewachsen. Sonst wären sie bestimmt inzwischen ausgestorben.«

»Stimmt«, lachte Gisa und sachte begannen alle wieder zu paddeln. Irgendwo in den Bäumen begann ein Vogel sein Lied.

»Hört mal!«, forderte Inka. »Welcher Vogel könnte das sein?«

Alle lauschten und die Boote trieben nur langsam dahin.

»Vielleicht eine Nachtigall?«, fragte Paul unsicher.

»Ja, ein Verwandter von ihr: nämlich ein Sprosser. Er singt auch am Tage. Die Nachtigall nur im Dämmerlicht. Manche sagen zu ihm auch ›Schreinachtigall‹, weil er nicht so lieblich singt wie sie.«

»Aber der singt doch wunderschön«, empörte sich Paul. »Stimmt's, Chrissi?« Der nickte nur, was Paul aber gar nicht sehen konnte, weil Chrissi ja hinter ihm saß. »Eh, schläfst du, Chrissi?«

»Nö!«

»Na, dann antworte doch!«

»Ja, prima!«

»Was, prima?«

»Na, sie singt prima.«

Gert konnte sich ein Grinsen nicht verkneifen, und als er zu den Frauen blickte, sah er, dass Inka auch griente.

Von vorn kamen jetzt andere Paddler und sie mussten nun hintereinander fahren. Es waren fünf Boote und plötzlich ein Lärm, dass man keinen Vogel mehr hörte. Schnell paddelten sie weiter, um die Begegnung rasch hinter sich zu bringen.

Am späten Nachmittag machten sie auf dem neuen Zeltplatz Halt. Nun wusste Christian schon, wie es lief, und war eine echte Hilfe.

»Na siehste«, lobte ihn Paul, »diesmal sind wir viel schneller fertig.« Beide standen vor dem aufgebauten Zelt. »Komm, wir helfen den Weibern«, flüsterte er und griente schelmisch.

»Vielleicht kümmert ihr euch mal ums Essen, während wir euch das Zelt aufbauen«, verkündete er dort großspurig.

»Bist du Armer schon am Verhungern?«, fragte Gisa provozierend.

»Hörst du nicht, wie meine Rippen klappern?«, fragte er zurück.

»Na, dann müssen wir wohl ganz schnell machen, sonst finden wir nur noch deine Mumie vor.« Lachend gingen die Zwei Einkaufen, während die Männer weiter bauten und einräumten.

In null Komma nichts war Gert mit den Nachbarn auf du und du. Christian staunte. Das hätte er sich nicht getraut, so einfach zu fragen, ob einer 'ne automatische Luftpumpe für die Luftmatratzen ausleihen würde!

Als die Frauen wieder zurück waren, tauschten sie mit den Nachbarn Kochtipps aus! Und einer lieh ihnen einen Wasserkessel. Im Nu kochte das Wasser darin und alle fünf konnten auf einmal ihren Tee schlürfen, während das Essen noch vor sich hinköchelte.

Am nächsten Morgen, als Christian erwachte, prasselte Regen aufs Zelt und er konnte sich nicht vorstellen, was sie dabei unternehmen würden. Doch noch während er sich reckte und streckte, verebbte das Geräusch und ein anderes begann, das er nicht einordnen konnte.

»Oh, das ist aber windig«, meldete sich Paul. »Ob wir da überhaupt aufs Wasser können?«

»Und was machen wir dann?«, wollte Christian wissen.

»Mal sehn, was uns so einfällt!«

Paul wusste, dass es mit seinen Eltern fast nie langweilig war. Selbst wenn er in so'n blödes Museum mitmusste, in das Gisa wollte, fand sein Papa auch für ihn etwas Interessantes.

Beim Frühstück wehte es noch immer kräftig und Christian wusste nun, warum er warme Sachen hatte einpacken müssen.

Dann zückte Gert sein Taschenmesser und erklärte: »Heute ist Angeltag!«

»Mit'm Taschenmesser?«, prustete Christian los.

»Wart's ab!«, meinte Paul und seine Augen blitzten.

»Die Boote aufnehmen«, kommandierte Gert und Paul stand gleich neben dem Boot an seinem Platz.

»Und du, Chrissi, hinten hin«, befahl er nun.

Inka und Gisa hoben ihr Boot schon an und marschierten los.

»Nu mach schon«, rief Paul ungeduldig.

»Du musst etwas weiter vorn anfassen«, wies Gert ihn an, »sonst wird das nichts.«

»Fasst du denn nicht mit an?«

»Ich habe doch das Messer und die Verantwortung«, grinste Gert ihn unverschämt an. Das entwaffnete Paul und sprachlos hob er das Boot an, ohne Christian noch einmal anzuschreien. Außerdem registrierte er dann, dass Gert die Paddel nahm.

Alle wanderten ein Stück am Wasser entlang, fort vom Zeltplatz.

»Zuerst müssen wir uns eine Angel bauen«, sagte Gisa. Sie kannte den Trick schon.

An einem Weidenbusch machte Gert Halt.

»Nun sucht euch mit den Augen eine Rute aus und merkt sie euch«, schlug er vor und fummelte an seinem Messer herum.

»So, Christian, zeig mir deine«, forderte er. Sofort protestierte Paul. »Der zuerst!«

»Richtig«, mischte sich Inka ein. »Sonst wurde immer beim Jüngsten begonnen. Nun drehen wir die Sache mal um.«

»Der Älteste ist Papa! Dann müsste der ...« Paul hatte noch nicht aufgegeben.

»Quatsch!«, meldete sich Gisa. »Papa und Mama zählen ja dabei nicht!«

Indessen hatte Gert die erste Rute mit der kleinen Säge abgesägt und reichte sie Christian.

»Lass sie, wie sie ist. Je natürlicher sie aussieht, desto besser.« Er sägte schon an der nächsten herum und Christian stellte sie vor sich auf die Erde, um ihre Länge abzuschätzen.

»Bestimmt länger als zwei Meter«, verkündete er stolz. Gerade bekam Gisa ihre und hielt sie sofort daneben.

»Och Mann«, stöhnte Paul ungeduldig, um gleich darauf triumphierend zu schreien: »Deine is kleiner!« Er fasste nach Christians Rute.

»Macht doch nichts! Das bisschen. Gisa ist ja auch größer als ich!«

Christian versteckte seinen Ärger gut. Gisa war zwar einen Monat jünger als er, aber immer schon größer gewesen, und in letzter Zeit war sie bestimmt zehn Zentimeter gewachsen, sodass sie nun einen ganzen Kopf größer war.

Jetzt hielt auch Paul seine Rute neben die anderen.

»Ha, meine ist die längste«, jubelte er.

»Dann wirst du hoffentlich auch die meisten oder die größten Fische fangen«, stachelte ihn Gert an.

»Wo gehen wir denn angeln?«, erkundigte sich Gisa.

»Einen Moment wartet noch. Schließlich muss Papa für sich auch noch eine abschneiden«, meinte Inka und nahm ihre in Empfang.

»Und wo ist die Angelschnur? Die Biester beißen doch nicht in den Ast!« Paul provozierte und wedelte mit der Rute den anderen vor der Nase herum.

»Paul!«, mahnte Inka und er ließ sofort davon ab.

»Seht ihr dort die Lücke im Schilf?« Gert deutete nach vorn. »Dort setzen wir die Boote aufs Wasser und steigen ein.«

Gert fasste in die Hosentasche und holte eine Rolle Angelschnur heraus. Belustigt beobachtete er die beiden Jungen, die überlegten, wie sie Rute und Boot gleichzeitig tragen könnten. Dann sahen sie, wie Inka und Gisa ihre Ruten an den nächsten Baum lehnten und unbeschwert das Boot davontrugen.

Zu dem gleichen Baum gingen sie nicht. Christian wählte die Weide und Paul den daneben stehenden Busch. Ganz schnell hatten sie das Boot ins Wasser gesetzt und liefen wie der Wind zu ihren Ruten zurück. Gisa ging betont langsam und nahm die Rute ihrer Mutter mit.

Nun nahmen alle in den Booten Platz.

»Eh, ich kann doch nicht rudern und dabei die Angel halten!« Christian schaute sich konsterniert nach den anderen um. Dabei sah er, wie Gert irgendetwas hinter ihm fummelte.

»So, jetzt bindet ihr die Angelschnur an die Rute, ungefähr dort, wo sie so dick wie euer kleiner Finger ist. Wer fertig ist, bekommt den Haken zum Anbinden am anderen Ende. Inka, hast du das Brötchen mit?«

»Ja, hier. Eins für euch und eins für uns.«

»Schummel, wir sind drei«, rief Paul sofort. »Dann könnt ihr mehr Fische anlocken!«

»Dann geben wir euch auch einen Fisch zum Abendbrot ab!« Gisa tat sehr großzügig.

»Hoffentlich müssen wir heute nicht hungrig schlafen gehen«, frotzelte Gert. »Wenn Paul noch öfter so laut ist …«

»Bin ja schon ganz leise«, flüsterte Paul. »Aber mit der richtigen Angel habe ich im vorigen Jahr den größten Fisch gehabt.«

»Stimmt! Und nun schieben wir uns langsam bis an den Schilfrand und halten die Angel raus ins freie Wasser.«

»Papa«, meldete sich Paul noch einmal, »und wo sollen wir die Fische lassen, wenn wir welche am Haken haben?«

»Ich habe hier so eine Art Reuse.« Er hielt das Ding hoch. »Da kommen sie rein und dann können sie im Wasser noch ein bisschen weiterleben, bis wir sie essen wollen.«

»Das schaukelt aber ganz schön«, meldete sich Christian noch einmal, als sie am Schilfrand ankamen, dann herrschte gespannte Stille.

Nein, richtig still war es nicht. Der Wind sauste im Schilf und in den Bäumen und das Wasser platschte manchmal ziemlich laut gegen die Boote. Gut, dass er Opas Windjacke angezogen hatte. Irgendwo gellte ein Vogelschrei, sodass Christian zusammenfuhr. Er schaute sich nach Gert um. Der starrte aber konzentriert aufs Wasser. Ein Weilchen später zog er den Haken hoch und klemmte ein neues Brötchenstück fest.

Es wurde eine harte Geduldsprobe, aber am Ende hatten sie sechs verschiedene Fische.

»Satt werden wir davon aber nicht«, meinte Christian, als sie die zappelnde Beute an Land betrachteten.

»Wir haben noch ein paar Brötchen«, tröstete Inka und griente verschmitzt.

Zum ersten Mal in seinem Leben versuchte Christian, einen Fisch zu putzen. Paul stellte sich aber auch nicht besser an. Gisa zeigte einiges Geschick dabei.

Als die ersten in der Pfanne brutzelten und einen köstlichen Duft verströmten, kam Gert mit weiteren Fischen an.

Christian staunte mit offenem Mund, Paul nur einen Moment. Dann empörte er sich: »Aber ich putze keine mehr davon!«

Gert zuckte die Schultern. »Kann ich eben umso mehr essen!« Er setzte sich bequem hin und begann zu putzen.

»Du kannst das aber schnell«, meinte Christian und kam mit seinem Messer in der Hand zögernd näher.

Gert schaute ihn verschmitzt an. »Nett, dass du helfen willst, aber ich glaube, eure sind schon gar. Dann esst mal, sonst werden sie kalt und schmecken nicht mehr so gut.«

Ein Strahlen floss über Christians Gesicht. Inka nahm die ersten aus der Pfanne und die Kinder fielen darüber her, als hätten sie drei Jahre nichts zu essen bekommen. Sie legte die nächsten hinein und holte die fertig geputzten, um sie zu würzen und zu panieren.

Inzwischen spielte sich zu Hause ein kleines Drama ab. Silvio hatte mit seinem ehemaligen Chef am Telefon gesprochen und der hatte ihm einen Job angeboten. Er könne in der nächsten Woche mit der Arbeit beginnen. In der Nähe des Bodensees.

Er freute sich. »Mensch, da kriege ich Kohle!

Schätzchen, du kommst mit und wohnst bei meiner Schwester, bis wir etwas Eigenes finden! Das kann aber nicht lange dauern. Da gibt es überall schöne Wohnungen.«

»Aber ich kann doch hier nicht in drei Tagen weg!«, entsetzte sich Cornelia.

»Klar kannst du. Sei doch mal spontan. Wir packen alles ein und rauschen ab!«

»Aber Christian ...«

»Den rufst du an und sagst ...«

»Wie denn?«, rief sie verzweifelt. »Die haben doch so'n neuzeitlichen Kram wie'n Handy nicht mit!«

Sie begann zu weinen. Nun war er am Ende. Wie er sie auch zu trösten suchte, sie schluchzte immer heftiger, hin- und hergerissen zwischen der Liebe zum Sohn und der neuen Liebe zum Mann. Sie wollte beide behalten.

Als sie nicht mehr hörte, was er sagte, rannte er verstört die Treppe hinunter zu ihrer Mutter. Die kam eilends mit. Treppauf erklärte er das angerichtete Dilemma.

Als Cornelia ihre Mutter sah, schluchzte sie erneut auf. »Ich kann doch nicht einfach hier los ... Christian hat gesagt, als er sich von mir verabschiedet hat: ›Hoffentlich bist du noch hier, wenn ich wiederkomme. Oder lässt du mich genauso im Stich wie mein Vater?‹ Ich kann hier nicht einfach so weg!«

»Wenn ich aber nicht am Montag anfange, ist der Job weg«, warf Silvio ein.

»Dann musst du halt am Montag anfangen«, versuchte die Mutter zu vermitteln, »und Cornelia kommt mit Christian in zwei oder drei Wochen nach. Dann könntest du dort schon die Wohnung klären und den Umzug organisieren.«

»Wenn ich auf Montage bin, kann ich das nicht.

Wenn ich meinen Chef richtig verstanden habe, bin ich dann für die ganze Woche in der Schweiz und komme erst am Freitagabend zurück.«

Einen Moment schoss der Mutter die ketzerische Frage durch den Kopf: Und was machst du am Samstag? Laut sagte sie: »Du hast dich auf eine Frau mit Kind eingelassen. Da kannst du nicht von ihr verlangen, dass sie Hals über Kopf umzieht. Wie wollt ihr auf die Schnelle die Ab- und Anmeldungen erledigen? In der Schule triffst du jetzt keinen Menschen an. Schließlich sind große Ferien. Da sind eventuell nur Handwerker drin und vielleicht noch der Hausmeister. Und welche Adresse willst du auf dem Einwohnermeldeamt angeben?«

Silvio sackte zusammen. »Ich sehe schon, das wird dann wohl nichts mit dem schönen Job!«

»Doch!«, widersprach die Mutter vehement. »Wenn du vorerst allein fährst. Du musst keine Angst haben, dass ich Cornelia etwa zum Hierbleiben überreden werde.« In diesem Augenblick erinnerte sie sich an die vielen Anschisse, die sie von der Tochter bekommen hatte: weil das warme Wasser gerade alle war, weil die Wohnung oben erst um 5.30 Uhr warm wurde, weil ... Im Grunde alles Bagatellen, die der Aufregung nicht wert waren. Man musste sie nur miteinander besprechen und dann ändern. Vielleicht war es ganz gut, wenn sie weit weg zog. Sie könnte dann nicht schnell etwas von zu Hause holen, wie es bisher der Fall war und jetzt, hier in diesem Haus, sich noch verstärkt hatte. Vielleicht waren sie beide, Mutter und Tochter, nicht geeignet für ein räumlich so enges Verhältnis! Die Mutter hatte es sich angewöhnt, um der lieben Ruhe willen nachzugeben. Glaubte die Tochter deshalb, sie hätte ein Recht, ihre Mutter anzuschnauben?

Inzwischen hatte Cornelia aufgehört zu weinen. Silvio setzte sich neben sie und legte den Arm um ihre Schultern. »Ich möchte doch, dass wir glücklich sind.«

»Überlegt miteinander. Gegeneinander wird es nichts«, sagte die Mutter und ging hinunter in ihre Wohnung.

Am Abend erfuhr sie von den beiden, dass Silvio den Job abgesagt hatte.

»Mutti, wir fahren zu meiner Freundin in den Bayrischen Wald und schauen uns dort mal nach einem Job für Silvio um. Hier in dieser Gegend ist nichts für ihn. Höchstens als Leiharbeiter in Berlin. Wie Heiko! Wir fahren morgen früh los, damit wir nicht in den Berufsverkehr kommen, und werden Dienstag, spätestens Mittwoch wieder hier sein. Ich glaube nicht, dass Gert mit Christian eher auftaucht. Sie wollten ja erst am nächsten Wochenende aufkreuzen.«

»Fahrt nur. Wenn sie wirklich früher hier erscheinen, ist das doch nicht schlimm. Christian sieht schließlich, dass die Wohnung nicht ausgeräumt ist, ihr also nur auf einem Ausflug seid.«

Die zwei kamen am Mittwoch glückstrahlend zurück.

»Mein Schatz hat Arbeit ab 2. September«, sprudelte Cornelia heraus. »Er bleibt, bis die Wohnung, die wir uns angesehen haben, frei wird, bei Liane. Die haben ein kleines Besucherzimmer …«

»Na ja, ist mir zwar nicht ganz geheuer, aber ich bin ja die ganze Woche weg«, warf Silvio ein. »Und ab Mitte September ist dann unsere Wohnung frei. Dann kann ich dorthin gehen.«

Cornelia übernahm wieder: »Und ich kann hier schon alles packen und ummelden. Bis 16.9. gehen dort unten die Sommerferien, bei uns nur bis zum

17.8. Da muss Christian hier noch in die Schule, verliert dort aber nichts!«

Plötzlich verdüsterte ein Gedanke Cornelias Gesicht.

»Werdet ihr denn die Kreditabzahlung ohne mich schaffen? Ich kann euch ja ein paar hundert Euro jeden Monat überweisen!«

Die Mutter lächelte. Mit einem Fünkchen Spott in der Stimme meinte sie: »Es wird schon gut sein, wenn du dir nichts mehr von uns holst.«

»Wenn du etwas erübrigen kannst, dann fülle Christians Sparbuch wieder«, erinnerte der Vater mit ernster Miene sein euphorisches Töchterchen an ihre Pflicht.

»Dann besorgt euch mal 'ne Menge Bananenkisten, die sind wunderbar zum Umziehen«, riet ihre Mutter. »Es ist diesmal mehr als vor vier Jahren.« Da war Cornelia aus ihren 45 Quadratmetern im Plattenbau in über 80 hier im Neubau gezogen. Und was inzwischen alles dazugekommen war! Indessen war ihretwegen der Spitzboden ausgebaut worden. Wieder 30 Quadratmeter mehr!

»Bloß gut, dass *ich* nicht noch mal umziehen muss!«, lächelte Mutti froh und gedachte der seltsamen Fuhren, die sie hier im Dorf vom alten Gehöft zu ihrem Neubau bewerkstelligt hatten.

Braun gebrannt kletterten die drei Kinder am Samstag aus dem Auto. Gisa stürmte sogleich zu Opas Kaninchen und Paul dribbelte mit dem Ball über den Hof. Christian schleppte sein Gepäck zum Haus, rief mit leuchtenden Augen Opa und Oma ein »Hey« zu und war ein bisschen enttäuscht, dass seine Mama nicht unten stand.

Nun stand er oben im Flur und ließ seinen Rucksack zu Boden fallen. Aber das hörte niemand, denn der Fernseher lief. So stieß er die Stubentür auf und sagte lässig »Hey!«

Verblüfft drehte Cornelia ihren Kopf, sprang auf und nahm Christian in die Arme. »Du bist schon hier? Wir haben gar nichts gehört. Sag mal, bist du gewachsen? Du kommst mir so groß vor!«

Sie nahm Abstand und musterte ihn. Unterdessen hatte sich Silvio erhoben und begrüßte ihn mit Handschlag.

»Du bist ja richtig braun! Ja, und größer bist du auch geworden! Hast sicher 'ne Menge erlebt!«

»Und wie!«, ließ Christian stolz hören und wollte schon anfangen zu berichten, aber plötzlich stoppten ihn die Blicke, die seine Mama mit *dem da* tauschte, und er verhielt. Es begann in ihm zu brodeln. *Die* hatten etwas ausgeheckt, was er jetzt schlucken sollte. Sein Mund wurde trocken.

»Habe Durst«, knurrte er und ging nachsehen, ob eine Brause da war. Er fand sie am rechten Ort und schenkte sich das Glas voll. Dann trank er und sah dabei die beiden an. Ja, da war was im Busch. Die verhielten sich irgendwie nicht normal.

»Da können wir ja jetzt essen«, meinte Silvio und schüttete die Salzkartoffeln in einen Napf, den er auf den gedeckten Tisch stellte. Dasselbe geschah mit dem Gemüse. Nur der Gulasch blieb im gleichen Behältnis. »So, dann wünsche ich guten Appetit«, sagte er und setzte sich.

»Danke«, brummte Christian und stellte beim Hinsetzen sein Glas neben den Teller. Sein Blick streifte dabei das Gesicht seiner Mama. Wieder hingen deren Augen an Silvios. Sein Unbehagen wuchs. Ach, wie schön waren die vergangenen Tage! Da war alles in Butter gewesen. Und hier? Hier stimmte doch etwas nicht!

Er häufte sich den Teller voll. Ja, es schmeckte prima! Also, kochen konnte *der!* Schweigend aßen sie. Und wieder sah er die Blicke der zwei!

Dann, schon fast am Ende des Mahls, begann Cornelia: »Wir waren in Bayern bei Liane. Silvio hat dort Arbeit ... ab September ... Wir haben uns eine Wohnung angesehen ... Dein Zimmer wäre größer als hier und ohne Dachschräge ... Du hättest nur zehn Minuten bis zur Schule ... Wir möchten mit dir hinfahren, damit du es dir ansehen kannst.«

Christian schluckte. Das war es also! Jetzt hatte sie die Katze aus dem Sack gelassen! Während er weg war, hatten sie das ausbaldowert! Er sackte in sich zusammen.

»Muss ich mit?«, fragte er leise. Der Glanz der verlebten Ferientage verlosch in seinen Augen, noch bevor er von seinen Erlebnissen berichten konnte. Eine Hand schien sein Herz zu ergreifen und zusammenzupressen. Im Grunde kannte er die Antwort längst. Aber ein winziges Fünkchen Hoffnung glimmte noch ganz tief unten, dass er hier bei seinem Freund und im bekannten Gefilde bleiben könne.

»Sieh mal«, begann Silvio vorsichtig, »wir wollen doch eine Familie werden ...« Christians verzweifelter Blick ließ ihn verstummen.

»Als wir vor vier Jahren umgezogen sind, ging das noch«, sagte Christian, »da kannte ich ja alles, aber jetzt ... so weit weg ... da kann ich nicht schnell mal zu Marco ... wie ich's mit Wagi machen konnte.« Seine Augen umflorten sich.

»Aber klar könnt ihr euch gegenseitig besuchen«, warf Cornelia ein.

»Wie denn?«, stieß er heftig hervor. »Das ist doch viel zu weit! Und kostet einen Haufen!« Er sprang auf und lief hinaus. Im Flur stolperte er über seinen

Rucksack. Er hob das linke Bein und drosch es kraftvoll hinein. Der unförmige Rucksack rollte ein Stück und blieb liegen. Christian fielen seine Spiele und sein Gameboy ein. »Alles machen *die* einem kaputt!«, raunzte er, bückte sich, griff die Riemen und zog den Sack in sein Zimmer. Mit dem Fuß stieß er kräftig gegen die Tür, sodass sie zuknallte.

Rasch nestelte er die Bänder auf und zottelte alles heraus. Endlich! Da war der Gameboy ... und da auch die Spiele dazu. Alles heil! Gut, dass er Gerts Rat befolgt und sie in den Pullover gewickelt hatte.

Vom Flur her erscholl Lärm.

»Kumpel, wo bist du? Wir woll'n uns verabschieden!«, krähte Gisa und Paul dröhnte: »Du wolltest mir noch ein Spiel borgen!« Er hämmerte mit der Faust gegen die Tür. »Bist du hier?«

Die Tür flog auf und krachte gegen den Schrank. »Pardon! Warum meldest du dich nicht?« Er bemerkte sofort, dass etwas nicht stimmte, und drehte den Ton zurück. »Is was?«, fragte er wesentlich leiser und legte den Arm um Christians Schultern. »Wenn es dir gefallen hat, kommst du nächstes Jahr wieder mit«, schlug er tröstend vor.

»Wer weiß, was dann ist. Die woll'n nach Bayern ziehen und ich muss mit!«, presste Christian heraus.

Paul und Gisa starrten ihn an wie ein Alien. »Bis nach Bayern!«, sagte Paul entsetzt.

»Da soll es aber schön sein!«, versuchte Gisa ihn aufzurichten. Nun tauchten Gert und Inka auf. »Wie ist es, wollt ihr hier bleiben?«, witzelte Gert. »So, Christian, mach's gut, bis zum nächsten Mal.« Er reichte ihm die Hand und Inka nahm ihn kurz in die Arme und drückte ihn. Ein wenig wunderten sich beide über die gedrückte Stimmung der drei. »Nun kommt, ihr zwei, wir müssen abdüsen«, mahnte Gert. Rasch drückten Paul und Gisa Christians Hände und liefen zum Wohnzimmer, um auch dort »Tschüs« zu sagen. Dann rannten sie die Treppe hinunter, um als Erste am Auto zu stehen, konnten sie doch dann ihre Eltern anmosern, weil sie so lange herummährten.

Paul dachte noch einmal kurz an das Spiel, das er sich ausleihen wollte, entschied sich aber unter den gegebenen Umständen, nicht noch einmal nach oben zu rennen. Christian tat ihm Leid.

Am nächsten Morgen – Sonntag – klingelte Marco kurz nach zehn, und als Christian öffnete, sagte er froh: »Gott sei Dank, dass du wieder hier bist! Mensch, war die letzte Woche langweilig!«

»Das wirste bald noch öfter haben!«, nuschelte Christian, drehte sich um und stieg vor ihm die Treppe hoch.

»Hey, wieso? Was ist denn los mit dir? Freust du dich gar nicht, dass wir uns wiedersehen?«

»Doch, ja.« Erst in Christians Zimmer konnte Marco dem Freund ins Gesicht sehen und erschrak, wie viel Trauer er darin fand. Nach und nach erfuhr er den Grund und war auch geschockt. Doch er schaltete um, wollte nicht auch noch jammern.

»Na ja, da werden wir uns beide neue Freunde suchen müssen«, seufzte er.

»Du ja, ich nicht!«, brummte Christian.

»Ach komm, du findest dort auch welche. So schlimm sind die Bayern auch nicht. Wenn du sie erst mal verstehst ...« Er verstummte. Wie konnte er Christian trösten? Viel wusste er nicht über Bayern. Ein bisschen durch den Fußball. Der FC Bayern mit Oliver Kahn war doch bekannt. Na ja, Christians Lieblingsmannschaft war es nicht. Der begeisterte sich für Werder Bremen. Wie könnte er Christian ein wenig aufheitern? Seine Augen leuchteten auf.

»Du, bei meiner Oma nebenan wohnt eine tolle Mieze. Die hat mit mir gequatscht. Was war denn bei dir los? Seid ihr den ganzen Tag auf dem See herumgepaddelt? Erzähl mal was!«

Christians Blick wurde etwas lichter, als Marco das Mädchen erwähnte. »Auf einem Zeltplatz haben wir mit 'ner ganzen Truppe Weiber Ball gespielt. Volleyball ähnlich. Da war eine bei! Du, wenn die nach dem Ball sprang, schlugen ihr die Dinger bald ans Kinn, hohooo!«

»Da war die wohl dicker als hier die Janina?« Marcos Augen glänzten.

»Nee, eben nicht! Ganz schmal und ganz lange Beine!«

»Dann war die sicher älter?« Irgendwo musste doch der Haken sein, vermutete Marco.

»Vielleicht ein bisschen, aber nicht viel«, gab Christian zu. »Aber du, wir haben geangelt! Mit 'ner einfachen Weidenrute! Noch mit Blättern dran.«

»Du spinnst! Das geht doch gar nicht!«

»Doch geht das. Bei Onkel Gert geht das. Und so groß war mein größter Fisch!« Seine Hände fuhren auseinander, bis sie die Wirklichkeit um 30 Zentimeter übertrafen. »Und die andern hatten auch welche gefangen. Dann mussten wir sie putzen ...«

»Du hast Fische geputzt?!« Marco staunte ihn an und Christian reckte sich vor Stolz.

»Klar! Und die haben geschmeckt!« Er leckte sich genießerisch die Lippen. Marco schluckte und guckte bewundernd.

»Haben die nicht viele Gräten?«

»Die paar Gräten«, winkte er großzügig ab. »Dafür hast du doch ein Brötchen. Da beißt du rein und kaust kräftig. Weißt du, dass Gräten reines Kalzium für die Knochen sind? Da brauchst du keine Tabletten zu schlucken, wenn du immer Gräten isst!«

Marco schaute zweifelnd. »Na, ich weiß nicht ...«

»Ja und einmal kam so plötzlich Wind auf, dass gleich der ganze See voll hoher Wellen war. Da mussten wir aber schnell paddeln, dass wir an Land kamen! Von der Seite hätten die uns glatt umgehauen.«

»Also wart ihr doch die ganze Zeit auf dem See!«

»Auf einem, meinst du? Wir sind durch kleine Flüsse und richtige Kanäle gepaddelt, um von einem See zum andern zu kommen. Und durch Schleusen. Weißt du, wie das funktioniert?«

»Nee! Mit'm Paddelboot?«

»Na ja, wir waren nicht allein in der Schleuse. Einmal waren es bestimmt 20 Paddler. Als alle drin waren, gingen die Tore zu und dann strömte Wasser rein und wir stiegen mit dem Wasser hoch. Ein paar Meter! Dann wurden die Tore auf der anderen Seite geöffnet und wir paddelten raus. Beim nächsten Mal war's dann umgekehrt.«

»Mensch, doll! Was du alles erlebt hast! Da kannst du ja einen guten Aufsatz diesmal schreiben!«

Im gleichen Moment erkannte er, dass sein letzter Satz ein Fehler war. Das hatte Christian wieder an seinen Kummer erinnert und er war zusammengerutscht. Marco hätte sich ohrfeigen können.

»Komm, wir gehen Rad fahren oder Fußball spielen. Es ist so schönes Wetter. Nachmittag regnet es womöglich!« Irgendwie musste er Christian aufmuntern.

Der warf einen Blick zum Himmel, der durchs Fenster lugte. Azurblau. Ohne ein Wölkchen. Aber auf der Südseite konnte es ja ganz anders aussehen.

»Ist denn Gewitter angesagt?«, wollte er wissen.

Marco wurde verlegen und erhob sich. »Ist im

Sommer immer schnell möglich, auch wenn es nicht angesagt wurde«, wich er aus.

»Du hast bestimmt täglich gebadet. Wollen wir heute auch zum See fahren, wenn das Wetter sich hält? Ich war nur dreimal in den vergangenen Wochen.« Marco griff nach der Türklinke und Christian schraubte sich von seinem zerwühlten Bett hoch.

Er schaute skeptisch. »Baden? Mensch, wenn das Wetter schön ist, treten sie sich doch an den kleinen Badestränden hier gegenseitig tot! Da hopsen wir eben in unser Becken!«

»Deine Oma hat mir aber eben erzählt, dass sie das Wasser erst vor drei Tagen erneuert hat. Da ist es bestimmt noch ganz schön kalt!«

»Haste die schon wieder ausgequetscht, du alter Sack!« Christian grinste und stieß ihm die Faust liebevoll in die Seite. »Na, dann komm, lassen wir den Ball fliegen!«

Unten stürmten sie jedoch zuerst zum Wasserbecken und steckten die Arme hinein, sahen sich bedeutsam an und nickten mit zusammengepresstem Mund. Christian griff zum Thermometer und versenkte es. Nachdem er damit ein Weilchen im Wasser herumgewedelt hatte, zog er es heraus und las es mit gerunzelten Brauen ab. »20 Grad. Brrr! Ohne mich! Da sind ja die Seen wärmer!«

»Bis nachher steigt es noch«, erklärte Marco, nahm Christian das Ding aus der Hand und steckte es noch einmal ins Wasser.

»Eh, nicht bloß oben in der warmen Schicht wedeln«, protestierte Christian sogleich. »Da sind es bestimmt schon 30 Grad, du Schummler!«

»Nö, aber 21!« Marco hängte das Thermometer wieder an seinen Platz und spurtete plötzlich. Sofort zog Christian auch los und langte sogar als Erster am

Ball an. Er hieb ihn aus der Nische und Marco dribbelte damit zur Straße.

Hatten sich die zwei auf eine gemeinsame letzte Ferienwoche eingestellt, wurden sie enttäuscht, denn Cornelia verkündete ihnen, als sie verschwitzt wieder in der Wohnung auftauchten und trinken wollten: »Am Dienstag fahren wir nach Bayern und sehen uns die Wohnung an. Da laden wir schon jede Menge ins Auto …«

»Wenn ich nicht mitfahre, passt aber mehr rein«, versuchte Christian sich zu drücken. Marco stöhnte nur.

»Nein, du sollst dir ja auch die Wohnung ansehen, damit du schon weißt, wo du wohnen wirst«, konterte Cornelia.

»Ich muss ja sowieso mit, egal, ob es mir gefällt«, widersetzte sich Christian. Ihm lagen noch einige Ausdrücke auf der Zunge, aber er wollte die Mama nicht zu sehr brüskieren.

»Wir bleiben auch nur *eine* Nacht«, versprach sie dem Enttäuschten.

»Prima«, freute sich Marco, »dann komme ich Mittwoch nachsehen, ob du schon hier bist!«

Natürlich kamen sie erst am Donnerstag, weil sie auf der Rücktour noch einen Abstecher zu Silvios Familie nach Dresden unternahmen. Dass Christian sich dort nicht von seiner besten Seite zeigte, müsste eigentlich jedem einleuchten.

Nur Silvio und Cornelia empörten sich enorm, vergaßen aber dabei, dass sie ein Versprechen gebrochen hatten und so selbst schuld waren an der Misere. Silvio hatte auf der Autobahn im Thüringer Wald den spontanen Einfall: »Lass uns mal schnell nach Dresden fahren. Das ist doch nur ein kleiner Umweg, Schatzi. Die werden aber staunen …« Und Cornelia hatte nur müde Argumente dagegen. Christians Einwurf: »Aber ihr habt versprochen ...« wurde nicht beachtet! Daraufhin verfiel er in trotziges Schweigen. Er fühlte sich ihrer Willkür ausgeliefert.

Die letzten Ferientage durfte Marco dann wieder bei Christian schlafen. Wohl als Wiedergutmachung wurden ihnen manche Computer- und viele Fernsehstunden mehr erlaubt.

Als dann die Schule begann, fing auch das Gepacke an. War eine Kiste voll, wurde sie in den großen Spieleraum im Keller abgestellt. Marco schleppte tapfer mit.

»Donnerwetter«, staunte die Oma, »ihr könnt schon zufassen wie richtige Männer. Na ja, ihr seid auch tüchtig gewachsen in letzter Zeit. Nun bin ich wohl die Kleinste hier!« Sofort stellten sich beide neben sie und maßen mit den Augen. »Ja, ja, es stimmt! Wenn ich jetzt etwas Schweres habe, rufe ich euch zu Hilfe!«

»Ah, das machen wir doch gern!«, strahlte Marco und Christian ließ ein »Na klar doch!« hören.

Ende August wehrte Christian erfolgreich den Versuch ab, ihn wieder mit nach Bayern zu nehmen.

»Wenn ich nicht mitfahre, könnt ihr mehr ins Auto laden. Außerdem könnt ihr eher abfahren und so den nachmittäglichen Stau dort unten vermeiden.« So fuhren Cornelia und Silvio schon Freitag früh fort. Cornelia wollte die dortige Schule aufsuchen, um sich einen Eindruck zu verschaffen. Sie hatte Christians Zeugnis mitgenommen.

»Sind doch jetzt Ferien dort unten«, hatte er geknurrt und sie angesehen, als sei sie nicht zu retten!

»Ich habe mit dem Direktor gesprochen«, sagte sie nach der Rückkehr triumphierend. »Das ist ein netter älterer Herr mit so einer Art Talar.« Ihr Gesichtsausdruck wechselte zur Betrübnis.

»Aber als er deine Zensuren gesehen hatte, meinte er, dass du die achte Klasse nicht bewältigen würdest, weil da drei für dich völlig neue Fächer wären. Du müsstest die siebte noch einmal machen. Dann könntest du den Anschluss schaffen.«

Christian sackte zusammen. »Auch das noch!« Er schlich in sein Zimmer und warf sich bäuchlings auf das zerwühlte Bett. Das Gesicht in den Kissen vergraben, hieb er mit der linken Hand lasch in die Decken. Dabei traf er auf etwas Hartes. Er schielte hin. Der Gameboy. Seine Hand griff zu, zog ihn heran und fühlte nach den Knöpfen. Langsam drückte er den Oberkörper etwas höher und begann zu spielen. Für die Schule tat er nun gar nichts mehr. Die siebte noch mal. Da würde er die doch alle an die Wand drängen! Dachte er!

Cornelia hatte nun den ganzen Umzug zu organisieren und dachte nicht an Christians schulische Leistungen. Wahrscheinlich nahm auch sie an, dass er dort nun zu Höhenflügen in der Lage sein würde. Mahnte ihre Mutter, Christian wenigstens täglich lesen zu lassen, nickte sie zustimmend. »Mache ich doch!«

Sie hatte ganz andere Probleme, denn Geld für den Umzug war nicht vorhanden. Sie bat ihre Mutter um 1000 und Christian um seine 500 Euro vom Sparbuch.

»Bekommt ihr alles zurück, wenn wir dann da unten sind«, sagte sie jedes Mal.

Über den Versandhandel bestellte sie eine neue, preiswerte Küche. »Die hier kann ich nicht mehr mitnehmen. Der Elektroherd ist auch fertig. Das lasse ich euch hier. Dann muss Fränki sich nichts Neues kaufen. Wenn er wirklich eine Frau findet, will die bestimmt 'ne neue Küche nach ihrem Geschmack.«

Ja, Mieter sollten vorerst nicht ins neue Haus genommen werden.

»Wir werden es schaffen«, meinten die Eltern, nachdem sie die Ein- und Ausgaben überschlagen hatten. Frank war glücklich. Zwar hatte er in der unteren Etage seine eigenen Zimmer, aber nun wurde er eigentlich erst zum richtigen Hausbesitzer. (Der Kredit lief sowieso auf seinen Namen. Allerdings könnte er ihn niemals allein abzahlen.)

Am Umzugstag holte Frank, der auch in seiner Firma häufig Laster fuhr, einen großen Lastwagen aus Berlin.

»Den können wir in Regensburg abgeben. Dadurch wird es für uns billiger«, berichtete er.

»Und wie kommst du dann wieder hierher?«, erkundigte sich sein Vater.

»Silvios Freund hilft doch beim Umzug. Mit dem werde ich zurückfahren.«

Außerdem halfen noch Silvios Schwester und Schwager, die auch einen kleinen Lieferwagen besaßen und damit eine Menge zusätzlichen Transportraum. Wagis Papa war zum Beladen des großen Transporters erschienen.

Auch Marco stellte sich ein und half fleißig mit. Er freute sich, weil er mitfahren durfte und so Christians neue Heimat kennen lernen konnte.

Doch mitten in der Arbeit gab es eine Unstimmigkeit. Marco und Christian rannten plötzlich mit sauren Gesichtern durch das Haus. Marco kam zur Oma.

»Ich soll nicht mit Christian zusammen im Lastauto bei Fränki fahren, weil da nur ein Sitz mit großem Sicherheitsgurt ist. Der andere ist mit Beckengurt.«

Die Oma schaute ihn verdutzt an.

»Na ja, Christians Mama meint, im Falle eines Unfa…«

»So'n Quatsch! Ich rede mal mit ihr. Aber versprechen kann ich nichts. Meine Tochter hatte schon immer einen Kopf für sich!«

Sie griff sich Cornelia. Die fuhr gleich hoch wie von der Tarantel gestochen. »Wir haben die Verantwortung!«

»Aber bedenk doch mal, wie lange die zwei noch zusammen sind. Und diese Zeit willst du nun auch noch schmälern? Überlegt, ob es nicht doch eine befriedigendere Lösung gibt.«

Sie sprach auch mit Christian. »Und wenn ihr nun zusammen bei Silvios Freund mitfahrt?«

»Nee, wir wollten ja beide im Laster mit Fränki fahren. Ich könnte ja auf den Sitz mit dem Beckengurt ...«

»Sag es deiner Mutter. Vielleicht ist sie mit dieser Lösung einverstanden«, riet Oma und ging zurück an den Herd, wo sie für groß und klein zwei Suppen am Köcheln hatte.

Endlich war alles verstaut und auf dem langen Tisch dampften wartend die Töpfe.

Dann saßen sie und löffelten und Oma blickte wehmütig über die große Runde. So viele würden so schnell nicht wieder in ihrer Stube sitzen!

Kaum hatte der Letzte seinen Löffel zur Seite gelegt, erhoben sich die Ersten, um sich auf die lange Reise zu begeben.

Stolz winkten Christian und Marco aus Fränkis Laster Oma und Opa grüßend zu, die auf der Freitreppe standen und die Abfahrt verfolgten. Cornelia fuhr als Letzte. Sie hatte noch die leere Wohnung gesäubert.

Na ja, ganz leer war sie noch nicht. Da standen noch etliche Sachen wie Stapel von Videos und Büchern, die später nachreisen sollten. Am schlimmsten sah im Keller Christians Spielzeugecke aus. Oma und Opa standen kopfschüttelnd davor, während er der neuen Heimat entgegenfuhr.

Den dreien wurde die Zeit im Laster nicht lang. Es gab so viel zu sehen, saßen sie doch hoch über den kleinen PKW-Fahrern. Zwischen den Verkehrsnachrichten dudelte die Musik. Manchmal wirklich prima Hits. Frank amüsierte sich, wenn die beiden plötzlich im Rhythmus mitzuckten.

»Die habe ich zu Hause auf CD!«, sagte er einmal.

Das elektrisierte Marco. »Kannst du mir die brennen?«

»Klar! Aber komm nicht vor Mittwoch!« Begeistert nickte Marco und bewegte sich rhythmisch mit verklärtem Gesicht.

Endlich wechselten die Sender.

»Mensch, Bayern!«, klang Marcos Stimme begeistert.

»Nun sind wir drin!«, sagte Christian und es hörte sich so deprimiert an, als stände er vor dem Schafott.

Die Ansager klangen anders. Und plötzlich wurde eine Festivität angesagt. Zum Schluss lud die Sprecherin alle ein und versprach »a Mordsgaudi«. Die beiden Jungen wollten sich ausschütten vor Lachen und konnten sich eine Viertelstunde nicht beruhigen über »a Mordsgaudi«!

Die Sonne stand tief und ließ lange Schatten entstehen, als Fränki nach fast acht Stunden den Laster vor dem Mietshaus einparkte.

»Mensch, die warten wohl schon auf uns«, rutschte es Marco heraus, denn alle, die nach ihnen abgefahren waren, standen plötzlich vor der Tür.

»Die konnten doch viel schneller als wir fahren«,

brummte Christian. »Sogar der Kleintransporter durfte mehr als 100 Kilometer pro Stunde machen.«

Marco sprang als Erster zur Erde. »Habt ihr die anderen Autos schon alle entladen?«

»Ja, wir warten nur auf euch, damit wir schlafen gehen können«, antwortete Cornelia zermürbt. Ihr steckte der Tag in den Gliedern. Doch zuvor mussten die Betten aus dem Laster ins Haus gebracht werden.

»Bloß gut, dass wir die untere Wohnung haben«, sagte Christian. »Sonst würden wir wohl doch schlappmachen.« Nachdem alle zum Schlafen benötigten Sachen in der Wohnung waren, schloss Frank den Laster ab. »Morgen geht's weiter. Jetzt wird ausgeruht!«

»Noch nicht ganz«, meinte Marco. »Schließlich müssen wir erst unsere Luftmatratzen aufpusten.«

»Soll ich dir helfen?«, frotzelte Christian. »Ich habe noch genug Luft.« Marco warf ihm über die Schulter hinweg einen vernichtenden Blick zu.

»Luft habe ich selber haufenweise, nur nicht mehr viel Lust dazu. Aber was sein muss, muss sein, wie meine Oma immer sagt!«

Sie nahmen sich jeder eine Luftmatratze vor und bliesen um die Wette. Frank wurde der Letzte. Die beiden Jungen freuten sich darüber und witzelten herum. Dann schauten sie sich in den anderen Räumen um.

Das große Doppelbett stand fertig im Schlafzimmer.

»Hier sieht es am besten aus«, stellte Marco fest.

»Gibt es noch irgendwas zu essen?«, wollte Christian wissen. »Oder müssen wir die Wände anknabbern?« Dabei schaute er Silvio an, als wolle er sagen: ›Du warst doch hier. Hoffentlich hast du an uns gedacht!‹

Und Silvio schien es verstanden zu haben. »Dann kommt mal alle mit in die Küche!«

Prustendes Gelächter ertönte. Die Jungs wollten sich scheckig lachen, als sie ihm auf dem Fuß folgten. »Küche«, hechelte Christian. »Na ja, ein Wasserhahn ist ja drin in dem kahlen Raum.«

»Aber der ist auch im Bad«, kicherte Marco.

»Hier!« Silvio wies in eine Ecke. »Das ist ein Getränkekasten für euch.« Er blickte Frank an. »Und da steht Bier. Falls du möchtest. Und hier in dieser Ecke ist das Büfett.« Er grinste und wies auf den Kühlschrank. »Da drin findet ihr Brot und Wurst, Brötchen und Konfitüre. Jetzt ist alles noch ziemlich warm, denn er ist erst seit einer halben Stunde am Netz.«

»Bis Montag müssen wir so klarkommen«, entschuldigte sich Cornelia. »Dann bringt das Versandhaus die Küche!«

Nachdem sich die Jungen den Bauch voll geschlagen hatten, verschwanden sie in Christians Zimmer und warfen sich auf die Luftmatratzen. Frank trug seinen Kram in die leere Wohnstube, die er in dieser Nacht mit Silvios Freund teilen sollte.

»Kannst doch hier schlafen«, meinte Christian zu ihm.

Aber Frank schüttelte den Kopf. »Ich will euch nicht stören, wenn wir noch länger aufbleiben.« Er schloss leise die Tür und sie hörten seine schwächer werdenden Schritte.

»Fränki ist prima«, sagte Marco und dachte daran, dass er die Musik-CD nun auch bald besitzen würde. »Vielleicht kann ich sie mir schon am Mittwoch holen.«

Christian antwortete nicht. Er hatte an den kommenden Montag gedacht und ein flaues Gefühl breitete sich in seinem Bauch aus.

»Du hast es gut«, flüsterte er. »Denk mal Montag an mich!«

»Mach ich doch«, versprach Marco. »Wann fängt deine Schule an? Wie unsere?«

»'ne Viertelstunde später. Mama geht mit. Wir müssen wohl zuerst zum Direktor.«

»Und da sind wirklich in der ganzen Schule keine Weiber?«

»Die Weiberschule ist am anderen Ende der Stadt!«

»Das ist ja saublöd. Macht doch überhaupt keinen Spaß ohne Weiber! Zeigst du mir morgen deine Schule?«

»Hmm.« Christian suchte in Gedanken den Weg dorthin und war sogleich eingeschlafen. Marco hörte seine ruhigen Atemzüge und wusste, dass er keine Antworten mehr bekommen würde.

Am nächsten Morgen entluden sie den Laster und die Wohnung füllte sich mit den bekannten Möbeln.

Christians Anbauwand wurde aufgebaut und verwandelte sein Zimmer. Sofort fühlte er sich wohler. Seine Doppelbettliege war nicht mitgenommen worden, weil sie sehr alt und furchtbar schwer war. Dafür war ihm eine neue Liege versprochen worden, die aber erst in der nächsten Woche kommen sollte. So lange musste er auf der Luftmatratze liegen. Das störte ihn nicht. Wirklich störend war das Gefühl des Verlorenseins, dass ihn schier überwältigen wollte.

Noch war Marco hier. Sie durften mit Fränki nach Regensburg fahren, um den Laster zur Zweigstelle zu bringen. Silvios Freund fuhr hinter ihnen, um sie dann alle zurückzubefördern. Wieder erklang Musik und Christian vergaß für eine Weile seine Trübnis.

Am späten Nachmittag führte er seinen Freund zu

dem Riesenbau, der von nun an seine Schule sein sollte. Beklommen betrachtete er das Bauwerk, das ruhig in der Abendsonne seine Scheiben blinken ließ. Hinter welchen würde seine Klasse wohl sein?

»Enormer Bau!«, meinte Marco. »Sieht aber gut aus!«

»Kann eine Schule gut aussehen?«, fragte Christian verzagt.

»Mensch, mach dich doch nicht verrückt. Da sind bestimmt auch prima Kerle dabei.« Aber wie sollte er Christian begreiflich machen, dass er die anderen ansprechen, dass er etwas von sich erzählen musste, um Kontakt zu bekommen? Er hatte es in seiner Fußballtruppe gelernt und es war ihm zuerst auch nicht leicht gefallen. Aber jedes Mal, wenn er es wieder geschafft hatte, durchflutete ein sieghaftes Gefühl seine Brust und ließ seine Haltung stolzer werden. Und nach jedem Mal wurde es leichter, hatte er weniger Hemmungen. Erhielt er eine Abfuhr, na und? Das machte ihm nichts. Deshalb brach die Welt doch nicht zusammen! Eines Tages würde sich der andere ärgern, dass er ihn nicht als Freund genommen hatte!

Nun schlenderten sie noch durch das Städtchen, besahen sich Straßen und Plätze und das Flüsschen, dessen Wasser zur Donau strömte.

»Letztens, als Mama hier war, soll es über die Ufer getreten sein«, erzählte Christian. »Da konnten sie hier nicht entlanggehen, sondern mussten einen großen Umweg machen.«

»Mann, da kannst du ja noch toll was erleben«, staunte Marco. »Dagegen ist es doch bei uns ziemlich langweilig!«

»Darauf kann ich verzichten! Wir können ja tauschen. Du bleibst als Christian hier, wenn du es so gut findest, und ich fahre als Marco wieder mit nach

Hause!« Beim letzten Wort stutzte er. Als Marco wäre er ja auch nicht in seinem alten Zuhause. Ach, alles saublöd! »Komm, wir gehen zurück!«

Am nächsten Morgen standen alle schon früh auf, obwohl es ein Sonntag war. Aber Silvios Freund wollte nicht erst am Mittag fort und für die Bleibenden gab es noch genug einzuräumen.

Am liebsten hätte Christian losgeheult, als Marco und Fränki ins Auto kletterten und winkend davonfuhren. Er hob grüßend die Hand und ließ sie deprimiert sinken, als nichts mehr von ihnen zu sehen war. Wie ein begossener Pudel schlich er ins Haus. Seine Mutter legte tröstend den Arm um seine Schultern, aber er machte zwei größere Schritte, sodass er herunterrutschte.

Silvio versuchte, mit seiner Stimme die Atmosphäre aufzuhellen.

»Na, dann wollen wir mal schnell auspacken und alles schön machen. Christian, brauchst du Hilfe?« Der schüttelte nur den Kopf und stieß seine Tür mit dem Fuß zu. Ein Kloß verschloss seine Kehle.

Wie ein müder Hund schlich er am Montag neben seiner Mutter her in die Schule. Dort eilten Schüler über die Flure, doch ohne zu rennen, zu schreien oder andere Mätzchen zu machen, wie er es von seiner her kannte. Und die Sprache! So fremd!

Dann war seine Mama fort und er allein in der fremden Klasse. Neugierige Blicke trafen ihn und er hätte sich am liebsten in ein Mauseloch verkrochen. Er verfiel in seine übliche gelangweilte Haltung. Wie hingekleckst saß er und ließ die Zeit verrinnen, hörte kaum, was die Lehrer sagten, und wenn ihn einer aufstörte, wusste er meist nicht, um was es ging.

Die Lehrer meinten, er sei noch durch den Umzug

verstört, und ließen ihn ein Weilchen in Ruhe. Doch dann forderten sie volle Leistung, und nun zeigte sich, dass Christian das Lernen nicht gelernt hatte. Lag es an seiner ehemaligen Klassenlehrerin, die »neue« Formen anwandte und die Schüler gewähren ließ, sodass sich die Nachbarklassen gestört fühlten? Oder an Cornelias lascher Art, selten nach den Hausaufgaben zu fragen und noch seltener in seine Mappe zu schauen?

Das Nachlassen seiner Leistungen in der fünften Klasse hätte sie doch alarmieren müssen! Dabei erzählte sie noch immer jedem, dass Christian unbedingt in die Realschule gehen müsse, damit er später auch das Abitur machen könne. Den Hinweisen ihrer Mutter, den Jungen in irgendeine außerschulische Gruppe zu bringen, ihn allein einkaufen zu schicken und ähnliche Forderungen zu stellen, begegnete sie mit immer anderen Ausflüchten: »Für Judo hat er kein Interesse«, oder: »Ich kaufe doch alles einmal in der Woche im Aldi.«

Einmal sagte Inka zu ihrer Schwiegermutter, als die darüber lamentierte: »Es muss doch furchtbar für dich sein, wenn du siehst, dass der Junge langsam untergeht, und du kannst nicht helfen!«

Es war auch schlimm. Und die neue Schule dort in Bayern suchte Cornelia noch immer nach dem Prinzip aus: »Das ist eine Realschule, da kann er …« Dafür nahm sie seine Rückversetzung in die siebte Klasse in Kauf! Oder wollte sie ihm die Busfahrt zur anderen Schule ersparen? »Die Realschule ist nur zehn Minuten Fußweg von unserer Wohnung entfernt!«

Dummerweise wurde Christian auch noch in eine Klasse gesteckt, deren Schüler alle mit dem Bus angekarrt wurden. Was nützte ihm der Kontakt in der Klasse, wenn er keinen davon außerhalb treffen konnte?

Marco fragte ihn am Telefon: »Und? Haste schon 'nen Kumpel?«

»Nö.«

»Gehste nachmittags nicht raus?«

»Soll ich'n draußen.«

»Da müssen doch auch andere auf der Straße sein!«

»Na und.«

»Da gehst du einfach hin und fragst, ob du mitmachen kannst!«

»Spinnst du? Übrigens sind doch Weiber an der Schule!«

»Eh, ich denke, da sind keine!«

»Doch! Zum Beispiel meine Klassenlehrerin!«

»Mensch, du, das ist doch keine! Oder ist sie geil?«

»Nö.«

Viel erfuhren auch Oma und Opa nicht von ihrem Enkel. Selten, dass er mit mehr als einem Ja oder Nein antwortete.

Als ihnen eines Tages Cornelia telefonisch mit glücklicher Stimme Christians Aufsatz vorlas, meinte danach die wortgewandte Gisa, die gerade mit Paul zu Besuch war, tief beeindruckt: »Donnerwetter! Der kann ja Schriftsteller werden!«

»Vielleicht hat er endlich die Kurve gekriegt«, sagte Opa und Oma seufzte: »Ich wünsche es sehr. Er braucht unbedingt Erfolgserlebnisse. Wer kann schon ohne sie leben!«

Für Christian vergingen die Tage einer wie der andere trist und glücklos. Die größten Schwierigkeiten hatte er in Englisch. Die erzählten und erzählten und er verstand nichts.

»Musst Vokabeln pauken«, meinte sein Nachbar in der Pause. »Englisch ist ein reines Lernfach!«

»Hmmm«, machte Christian nur. Wozu sollte er sich anstrengen? Hatten die nicht schon beschlossen, dass er zur Hauptschule wechseln sollte? Seiner Klassenlehrerin, der Ambergern, war doch letztens so etwas herausgerutscht. Sollten ihm doch alle den Buckel herunterrutschen. Mama gleich mit. Die hatte doch nur noch Augen für *den!* Bloß gut, dass *der* die ganze Woche weg war.

Trotzdem hatte sie ihn, Christian, letztens angeschnauzt, weil er die Hausaufgaben vergessen hatte.

»Kann doch mal vorkommen«, hatte er gebrummt.

Aber da hatte sie losgelegt. Nun sprach er nicht mehr mit ihr! Das hatte sie nun davon! Aber ganz traurig guckte sie immer. Das tat richtig weh! Früher war stets alles in Ordnung, was er auch anstellte, und jetzt? Jetzt war *der* da und sie eilte beflissen, um alles für *den* zu machen.

Ach, das war alles so ungerecht! Am liebsten hätte er die Zeit zurückgedreht. Als Arnim noch gesund war, war das Leben noch o. k. Aber dann musste er gehen. Seine Mutter mochte wohl keine kranken Menschen?!

Heiko kam. Der war gut! Mit dem konnte man quatschen! Warum konnte der nicht einfach aufhören zu saufen?! Dann wäre er jetzt zu Hause und alles wäre in Butter.

War Heiko mit seinem Suff also schuld an der ganzen Misere?

Oma hatte leicht reden mit ihrem »Brauchst bloß immer zu dir zu sagen: ›Ich schaffe alles, was ich will!‹, dann schaffst du es auch.« Die wurde nicht einfach nach Bayern verschleppt!

Immer wieder liefen die gleichen Gedanken durch seinen Kopf. Nur wenn er mit seinem Gameboy spielte, quälten sie ihn nicht.

Anfang Dezember schneite es in dicken Flocken und verzauberte die Landschaft. Chris sah nicht die Schönheit, sondern nur die Plackerei. Überall musste Schnee geschippt werden und der Winterdienst war pausenlos unterwegs. Statt mit dem Auto zu fahren, lief Cornelia mit ihm zum Einkaufen in den allernächsten Supermarkt und er schleppte dann das Zeug nach Hause.

Zu allem Verdruss gesellte sich auch noch der durch die Witterung arbeitslos gewordene Silvio. Wenn er nur am Wochenende da war, ging das ja noch. Aber nun qualmte er auch an Wochentagen die Bude voll. Als Cornelia es monierte, konterte er: »Ist doch auch meine Wohnung!«, und blies den Rauch demonstrativ in die Luft.

Und es wurde noch schlimmer. Nicht genug, dass er auf Christians Ordnung im Zimmer aufpasste wie ein Luchs, er hatte von der bequemen Cornelia die Zustimmung erhalten, dass er auch die Mappe und die Schulsachen kontrollieren durfte. Ja, und schließlich spielte er sich als sein Lehrer auf! Nun wurden Diktate geschrieben und Englischvokabeln gepaukt und, und, und. Es war zum Aus-der-Haut-Fahren! Und man konnte sich noch so anstrengen, ein Lob bekam man kaum.

Und überhaupt: Sollte *der* man erst mal an sich selber arbeiten! Da nörgelte er an einem herum und selbst war er auch nicht besser!

Denkste, der aß seinen Teller ordentlich ab? Den ganzen Dreck hatte man später im Abwasch!

Christian erkannte sehr genau, was nicht in Ordnung war. Auch in seinen eigenen Leistungen sah er die Lücken, wusste aber nicht, wie er sie schließen sollte. Seine geliebte Grundschullehrerin Frau Gräfental hatte ihn nicht das Lernen gelehrt. Und auch nicht das Lesen. Er stolperte mühselig durch einen Text, erfasste demzufolge sehr wenig vom Inhalt und konnte ihn nur unter größter Anspannung mit eigenen Worten bruchstückhaft wiedergeben.

Er wusste auch nicht, wie man Nachschlagewerke benutzte.

»Man muss nicht alles wissen, man muss nur wissen, wo es steht«, hatte seine Oma gesagt. Aber von dem Satz blieb ihm nur der allererste Teil im Gedächtnis.

An einem Montag kam er mit langem Gesicht nach Hause. Völlig deprimiert sagte er zu Cornelia, die noch immer arbeitslos war und diesen Zustand gar nicht so übel fand, zumal auch Silvio jetzt im Winter zu Hause saß: »Wir müssen bis Freitag so'n blödes Gedicht lernen!«

»Welches denn?«, fragte sie. Christian wühlte in der Mappe, zog das Buch heraus und begann zu blättern. Endlich hatte er es gefunden. »Hier!«

Neugierig kam Silvio näher und schaute hinein. »Das geht doch noch! Das Lied von der Glocke mit seinen hundert Strophen wäre schlimmer.«

»Ich lerne es mit dir«, versprach Cornelia. »Lies doch gleich mal vor.« Ein trüber Blick unter gerunzelten Brauen traf sie.

»Muss das sein?« Lustlos begann er zu lesen. Er benötigte wohl fünf Minuten bis zum bitteren Ende.

»Na komm«, meinte Cornelia mitleidig, »iss erst etwas. Dann lernen wir es.«

Er erhielt eine Zwei dafür und ein glückliches Gefühl rieselte durch seinen Bauch und machte ihn froh. Ein seltener Lichtblick! Doch die nächste Stunde war Englisch! Er stürzte wieder ins Bodenlose.

Trotzdem ging er an diesem Tag nicht ganz so vergrämt nach Hause. Vielleicht würde doch noch alles gut.

Tief verschneit lag der Bayrische Wald mit seinen Wäldern und der kleinen Stadt. Auch das war nicht Christians Glück. Er konnte weder Schi noch Schlittschuh laufen und war wie seine Mutter nie auf solche Bewegungen aus gewesen. Er kannte nur ihr Stöhnen, wenn sie mit ihren Sommerreifen zur Arbeit fahren musste – wenn sie zufällig im Winter einen Job hatte. In den letzten Jahren gab es im Berliner Raum nur sehr wenig Schnee. Gott sei Dank!

Nur für Silvio war sie in diese verschneite Bergwelt gemacht! Verdammte Liebe!

Zwei Tage vor Silvester kam Silvios Freund und brachte Marco und Fränki mit. Christian taute bei ihnen ein wenig auf und hin und wieder stahl sich ein Lachen über seine Lippen. Doch schon am Neujahrstag fuhren sie wieder davon und er war erneut allein, saß in seinem Zimmer und spielte, wenn er nicht gerade lernen musste.

Im Februar wurde er krank. Eine Grippe wanderte durch die Schule und verjagte 40 Prozent der Schüler. Christian genoss die Liebe, das Umsorgtwerden. Trotz des schlechten Zeugnisses. Aber es trug keine Sechs! Einzelne Dreien ragten wie Leuchttürme aus den Vieren und Fünfen.

Und dann saß er im Auto und sie rasten der alten Heimat entgegen. Es war ihm, als ließe er alles Schwere hinter sich. Langsam stieg Freude in ihm auf.

Spät in der Nacht kamen sie an. Am nächsten Vormittag klingelte Marco wie einst üblich und Christian eilte froh die Treppe hinunter, um ihn einzulassen. Er versteckte seine Freude hinter einer gleichgültigen Miene. Marco wusste es einzuordnen, denn Christian sprach mehr als sonst. Es gab auch viel zu erzählen.

Marco hatte sich mit 14 anderen Jungen aus seiner Schule zusammengetan, um ohne großen Druck, wie ihn nun einmal Wettkämpfe erzeugen, Fußball zu spielen. Sie wollten sich auch in der kommenden Woche treffen, denn Brandenburger Schüler hatten keine Ferien wie die bayrischen. Marco wollte Christian mitnehmen. Das kostete ihn viel Überzeugungsarbeit, aber schließlich schaffte er es und sie fuhren gemeinsam mit den Fahrrädern die acht Kilometer zum Übungsplatz.

Die meisten Jungen kannte Christian, er war ja erst ein halbes Jahr fort, nur waren sie jetzt viel netter! Oder kam es ihm nur so vor? Als er arg verschoss, schrie ihn keiner an, sondern sie trösteten ihn sogar: »Mach dir nichts draus. Kann jedem passieren!«, und das Spiel ging flott weiter. Zum Schluss musste er noch ein wenig von Bayern erzählen, von seiner Schule und von den Jungen dort. Dann trennten sie sich.

»Bis übermorgen!«, riefen sie ihm zum Abschied zu und er freute sich auf das erneute Treffen. Komisch, einer der Jungen war ihm in sehr unangenehmer Erinnerung gewesen, doch heute ... als wäre er nicht mehr der von damals. Hätte er die Rüpeleien seinerzeit leichter nehmen sollen? Oder sich sogar zur Wehr setzen? Gab es denn überall welche, die einen piesacken müssen? Vielleicht sollte er sich künftig wirklich wehren!

Als er Marco darauf ansprach, meinte der: »Du musst dich nicht ducken! Man muss seine Meinung vertreten, und wenn einer damit nicht einverstanden ist, ist das seine Sache. Nicht meine. Oder er muss mich vom Gegenteil überzeugen. Mit guten Argumenten natürlich!«

»Ja, du kannst das, aber ich weiß nie, wie ich es sagen soll.«

»Wenn du das nicht übst, lernst du es nie!«, sagte Marco nachdrücklich. »Vor ein paar Jahren hab ich auch noch Angst gehabt, etwas zu sagen und über etwas zu diskutieren. Weißt du noch, wie ich vor dir gekuscht habe? Inzwischen hat sogar meine Mutter mir schon manchmal Recht gegeben.«

»Und du meinst, ich könne auch mit Silvio diskutieren?«

»Warum denn nicht! Allerdings nicht über deine Unordnung im Zimmer! Das würde *ich* jedenfalls nicht machen!«

»Nee, darüber nicht, aber die sind alle beide zu Hause und ich muss abwaschen! Dabei gehe *ich* zur Schule und habe Schularbeiten zu machen!«

»Ja, darüber könntest du diskutieren! Wenn jedoch alle arbeiten, ist dann aber das Abwaschen wirklich deine Sache!«

»Ist doch klar!«

»Na ja, Chrissi, ich brauche nicht abzuwaschen, weil meine Mutter zu Hause ist, aber dafür bringe ich Abfall fort oder sause mit dem Rad irgendwohin zum Einkaufen. Aber wie man abwäscht, weiß ich trotzdem. Wenn es auf mich zukäme, irgendwann einmal, könnte ich es auch. Dann auch ohne zu meckern!«

Viel zu schnell verging die Woche und er musste wieder zurück nach Bayern, dem ungeliebten Land. In diese blöde Schule, in die scheinbar nur Streber gingen. Zwar hatte ihm Marco noch so einige Verhaltensregeln rüberbringen wollen, aber da hatte er abgeblockt. Wie sollte er die denn ansprechen, wenn er schon an ihren Blicken sah, was sie von ihm hielten! Dann blieb er lieber allein, zu Hause, bei seinen Spielen. Dabei konnte er alles vergessen!

Das nächste Zeugnis sah nicht viel besser aus und die Klassenlehrerin meinte, er schaffe die Achte nicht, in der wiedcrum neue Fächer noch höhere Anforderungen stellten.

Schon wieder in eine andere Schule!

Aber zuvor kamen glücklicherweise die Ferien. Sollte sich Mama mit dem Wechsel abplagen. Er wollte nur zurück zu Oma und Opa, zu Fränki und Marco.

»Aber ich habe endlich Arbeit«, sagte Cornelia, »und muss Samstag zum Dienst. Und am Sonntag hin und zurück schaffe ich nicht. Wie …«

Er unterbrach sie barsch. »Wenn Silvio einen Wunsch hat, geht alles! Aber ich kann ja auch mit dem Bus fahren. Da brauchst du mich nur bis zur Nachbarstadt zu bringen. Das wirst du mir doch nicht verweigern, oder?«

»Aber soviel ich weiß, fährt der nur mittwochs …«

»Ja, ja, ich weiß schon …« In seinem Blick lag so viel Verachtung, dass sie zusammenzuckte. »Aber ich habe mit Fränki gesprochen. Der kommt mich abholen. Er will in seinem Betrieb Bescheid sagen, dass er an diesem Samstag nicht arbeiten kann. Dann wird er dafür nicht eingeteilt, sondern für den nächsten Samstag. Blub, es geht also!« Jetzt leuchteten seine Augen triumphierend.

Sie schwieg. Aber selbst im Allerinnersten gab sie nicht zu, dass sie bei Christian stets Ausflüchte suchte, während sie bei Silvio sofort bereit war. Wie zum Beispiel bei der Fahrt in den Frühjahrsferien, als sie nicht auf direktem Weg in die alte Heimat fuhren, sondern einen Umweg über Dresden zu seinen Eltern unternahmen. Nur schwach hatte sie geäußert, dass es eine zu lange Tour für sie sein würde. (Er hatte keine Fahrerlaubnis, sodass er sie am Steuer nicht ablösen konnte.)

»Aber Schatzi, dass schaffst du doch«, schmeichelte er ihr. »In Dresden hast du doch dann eine Pause, bevor wir weiterfahren«, tönte er gönnerhaft. Christian hätte ihn abschießen können! Das schmeckte ihm vielleicht! Demzufolge war er auch einsilbig wie früher schon bei solchen Gelegenheiten, bei denen Silvio mit »seiner Familie« angeben wollte.

Als Fränki am Wochenende erschien, drängte Christian diesmal auf rasche Abfahrt. Marco war nämlich nicht mitgekommen, weil seine Oma einen runden Geburtstag hatte, der am Samstag gefeiert wurde. Deshalb fuhren sie schon am Sonntag kurz nach neun aus dem Städtchen. Und Fränki bemerkte eine seltsame Veränderung seines Neffen. Es war, als zöge der eine Traueruniform aus und mache sich für ein Freudenfest bereit. Er redete und redete, kam vom Hundertsten ins Tausendste, scherzte und lachte.

Fränki sah auch aufs Geld, aber diesmal hielt er in einer Raststätte und aß mit Christian eine lange Currywurst.

Zur Kaffeezeit fuhren sie zu Hause auf den Hof und Fränki drückte dreimal auf die Hupe. Sogleich kamen Oma und Opa aus dem Haus. Hinter ihnen tauchte Marco auf und quetschte sich an ihnen vorbei. Schnell schnallte sich Christian los, sprang aus dem Auto und begrüßte Marco mit einem festen Händedruck. Von Oma ließ er sich umarmen und erwiderte sogar den Druck. Ebenso beim Opa.

Fränki entlud das Gepäck und Marco schnappte sich Christians Reisetasche. Der schwache Protest blieb Christian im Halse stecken, denn plötzlich standen auch noch Paul und Gisa in der Tür.

»Kannst deinen Mund wieder zuklappen«, rief Gisa übertrieben laut und schlug ihm begrüßend ihre Hand auf die Schulter. Sie überragte ihn um einen ganzen Kopf.

»Wieso seid ihr denn hier?«, stotterte Christian überrascht. Paul schüttelte ihm inzwischen nicht nur die Hand, sondern den ganzen Arm, als wolle er ihn ausreißen.

»Na, in Schleswig sind doch noch 14 Tage Ferien. Die verbringen wir nun hier gemeinsam mit dir!«

»Aber davon hat Fränki überhaupt nichts gesagt!« Christian war immer noch fassungslos.

»Nun kommt erst mal herein. Der Kuchen wird sonst alt«, meinte Opa. »Und Hunger habt ihr doch bestimmt!«

Marco warf die Reisetasche auf die Treppe und alle suchten sich einen Platz am Tisch.

Beim gemeinsamen Kuchenessen – Kaffee trank nur Fränki, die anderen hatte goldenen Kräutertee in ihren Tassen – vermieden alle das Thema Schule. So herrschte eine ausgelassene Stimmung am Tisch. Kaum hatten sich die Kinder voll gestopft und ihre Tassen geleert, warf Paul das Wort »Fußball« in die Runde. Eifrig nickten sich alle zu – sogar Gisa – und stürmten nach draußen.

Die Zurückbleibenden lächelten ihnen nach.

»Ich kann Christian verstehen«, meinte Frank. »Mich kriegt keine Macht der Welt hier fort!«

»Ich hatte auch 40 Jahre Heimweh«, nickte Oma. »Und mein Vater ist auch nie aus seinem Dorf weggezogen. Wahrscheinlich sind wir solche anhänglichen Typen.«

»Ihr habt kein Abenteurerblut in euren Adern«, griente Opa.

»Viel hast du aber auch nicht davon«, lachte Frank. »Sonst wärst du nicht hier hängen geblieben.«

»Bestimmt«, bestätigte Opa, »denn Angebote hatte ich mehrmals. Aber mit der Familie umziehen ... Die Kinder brauchen ihr sicheres Umfeld, ihre Freunde.

Was so ein Wechsel bringt, sehen wir doch an Christian!«

Die vier tobten in der Gegend herum, dass es eine Freude war. Wenn Opa den Vorschlag machte, irgendwohin zu fahren, erntete er nur Protest. Erst als der Donnerstag recht heiß zu Ende ging und Oma meinte: »Wir könnten doch morgen gleich nach neun zum See fahren. Um diese Zeit sind noch nicht viele Menschen dort. Da können wir mal richtig schwimmen«, hatte sie Gisa, die Wasserratte, auf ihrer Seite, denn in dem kleinen Wasserbecken auf dem Grundstück war Schwimmen für sie unmöglich.

»Oh ja, prima. Aber sind denn so viele Fahrräder hier?«

»Ihr nehmt die neuen und wir die alten!«, erklärte Opa.

»Und wer bis zum See unmöglich fährt«, warf Oma ein, »der wird zurück eine unserer alten Gondeln unterm Hintern spüren!«

Protestierendes Gelächter antwortete ihr.

Aber am nächsten Morgen fuhren doch alle recht vernünftig und warteten an den ausgemachten Stellen auf Oma und Opa, die ja nun keine Gangschaltung hatten und demzufolge noch langsamer waren als sonst.

Der See lag noch in tiefster Ruhe und Oma bremste besonders Paul, der ziemlich laut herumschrie.

»Seid mal ein bisschen leise. Hier sind viele Tiere, die wir beobachten können. Seht, dort, eine Ente mit ihren Jungen.«

»Ätsch, nun sind sie wieder im Schilf!«, sagte Gisa bedauernd. »Wieso hat die jetzt noch so kleine Küken, Oma?«

»Vielleicht wurde ihr erstes Gelege von einem Raubtier oder einem dummen Menschen zerstört.«

»Vielleicht von einem Hund«, meldete sich Paul. »Die ollen Köter, die nicht an die Leine genommen werden, machen bestimmt solche kleinen Küken tot.«

»Ja«, nickte Gisa eifrig. »Wir haben an unserem Dorfteich einmal so ein böses Vieh gehabt. Der hat sich doch wahrhaftig eine Ente geschnappt und sie totgebissen!«

»Das war eine Wildente, die nicht mehr richtig fliegen konnte«, erklärte Paul. »Die war auch im Winter nicht weggeflogen. Wir haben sie immer gefüttert. Na ja, bis der doofe Köter kam.«

»Habt ihr das gesehen?«, fragte Christian interessiert.

»Nee, unsere Nachbarin«, gestand Gisa. »Die war vielleicht empört.«

Inzwischen hatten alle vier ihre Sachen ausgezogen und wollten ins Wasser stürmen. Opa bremste.

»Geht mal ganz vorsichtig ans Wasser. Meistens sind winzige Fischlein vorn, weil die Sonne hier so schön draufscheint.«

Nun schlichen sie langsam näher. Jeder wollte als Erster Fische erspähen. Die lange Gisa war es dann, die den Schwarm sah und wild zu gestikulieren begann. Husch, weg waren sie.

»Hach, so viele!«, schrie Marco überrascht.

»Na, ein Schwarm sind doch viele«, belehrte ihn Christian überheblich. Aber Marco antwortete nicht, sondern lief ins Wasser.

»Hinterher!«, schrie er und warf sich in das knietiefe Nass.

»Mann, ist das aber warm!«, kreischte Paul, der ihm gefolgt war. Gisa und Christian bekleckerten ihren Körper und rieben ihn ein.

»Ich muss mich doch erst anpassen«, meinte Christian, bevor er vorsichtig ins tiefere Wasser stakte.

»Wie weit kann ich denn hier noch gehen?«, krähte Gisa und drehte sich zur Oma um, die inzwischen auch im Wasser war.

»Warum willst du laufen, wenn du schwimmen kannst?«, sagte die und schwamm los, kaum dass das Wasser ihre Beine verdeckte. Gisa schaute perplex. Dann tauchte sie ein, stieß sich kräftig vom Grund ab und schwamm davon.

Marco und Paul kamen zurück zu Christian, der sich nicht weit hinaus wagte, weil er die Tiefe fürchtete und kein guter Schwimmer war. Opa gesellte sich zu ihnen, und nun begann ein wildes Spritzen. Dann warfen sie sich den Ball zu, während Gisa zum anderen Ufer schwamm, ein Weilchen dort verweilte, bevor sie zurückkehrte. Die Jungen bauten inzwischen Kleckerburgen und Kanäle.

Oma und Opa lagen in der Sonne. Schwer atmend streckte sich Gisa daneben aus. Nach wenigen Minuten lief sie zu den anderen und baute mit.

Vom Parkplatz her erklang Lärm und eine Familie mit drei Kindern rückte an. Damit war der kleine Strand noch nicht überlaufen, doch Christian fühlte sich schon gestört, als die fremden Kinder näher kamen und auf die Bauten sahen.

Er erhob sich und stampfte seinen Anteil ein. Marco protestierte und legte die Arme um sein Areal, denn Paul war sogleich Christians Beispiel gefolgt. Danach griff er sich den Ball und lief ins Wasser.

Gisa ließ ihr Bauwerk liegen und rannte ihm nach. Langsam folgte Christian und klatschte in die Hände, um Paul zu suggerieren, dass er den Ball fangen wolle.

Paul warf ziemlich hoch, sodass Christian ihn nicht erreichte. Dafür fing ihn der fremde Junge und bat: »Darf ich mitspielen?«

Christian beäugte ihn argwöhnisch. Doch Marco enthob ihn der Antwort, indem er sagte: »Wenn du keine Dummheiten machst, von uns aus ja.« Er schätzte den Fremden etwa zwei Jahre jünger, aber der sah aus, als ließe er sich nicht die Butter vom Brot nehmen. Vielleicht, weil er noch zwei kleinere Schwestern hatte.

So spielten sie zu fünft mit viel Gekreisch, bis Oma zum Anziehen rief. Indessen hatte sich das Areal gefüllt und ein paar andere Kinder begannen das Ballspiel zu stören. Als Christian den Ball fing, behielt er ihn unterm Arm und stakte damit ans Ufer. Er warf ihn Opa zu und der verstaute ihn auf dem Rad.

»Wo kommen denn bloß die vielen Menschen plötzlich her?«, meinte er und zog sich an.

»Am Nachmittag kannst du hier kaum noch treten«, sagte Opa. »Wir hatten eigentlich noch Glück, denn in den Ferien sind oft schon um neun eine Menge hier.«

Zurück ließen sich die vier nicht aufhalten und veranstalteten eine wilde Jagd nach Hause. Es waren ja vor allem Wald- und Feldwege. »Aber passt im Dorf gut auf, damit ihr nicht umgekachelt werdet, wenn ihr auf die Hauptstraße fahrt!«, mahnte Opa noch, dann waren sie weg!

Oma und Opa fuhren geruhsam hinterher. »Jetzt hört man sogar die Vögel«, lachte sie.

Als die zwei auf den Hof fuhren, saßen alle vier Kinder in der Hollywoodschaukel, in der Hand Trinkflaschen.

»Hach, wir sind schon stundenlang hier«, schrie Paul. Die anderen hoben triumphierend ihre Flaschen.

»Ja, ja, ich sehe, ihr seid schon besoffen«, sagte Opa und griente. Das war für Christian das Stichwort. Er begann den Betrunkenen zu spielen und alle anderen fielen ein. Aber nach wenigen Minuten ging Gisa zu Opas Kaninchen und kroch fast in den Stall, um die kleinen Wuschelbällchen zu streicheln.

»Dürfen wir an den Computer?«, fragte Paul die Oma, nachdem Christian ihn dazu angeregt hatte.

»Bis zum Mittagessen ja. Aber pünktlich um zwölf herunterkommen«, erklärte die. Sofort verschwanden die Jungen.

Am Samstag fuhr Frank mit allen vier Kindern ins Kino. Das genügte ihnen scheinbar völlig, denn als Opa ihnen einen Besuch in Sanssouci vorschlug, erntete er nur Protest. Auch alle möglichen Museen, die er anführte, lockten nicht.

»Wir sind hier restlos glücklich«, konterte Paul und Christian nickte vehement. Gisa sah man meistens mit einem Buch, denn Bücher gab es hier haufenweise.

»Wenn doch Christian nur halb so viel lesen würde wie Gisa, dann wäre ich froh«, seufzte Oma. Sie vermied das Thema Schule in seinem Beisein, um ihm nicht die Ferien zu vermiesen.

»Christian macht den Eindruck, als sei er in Pauls Alter oder sogar noch jünger«, sinnierte Opa. »Ob es das gibt, dass einer aus Protest nicht erwachsen werden will?«

»Bei den Affen schon«, nickte Oma. »Letztens wurde das in einem Dokumentarfilm im Fernsehen gezeigt.«

»Mir ist ein bisschen komisch dabei, wenn sie nur hier spielen«, meinte Opa.

»Du denkst, sie lernen nichts dabei? Spielerisch lernen sie vielleicht mehr, als wenn wir sie in ein ungeliebtes Museum schleppen.«

Am nächsten Wochenende wurden Gisa und Paul von Gert abgeholt.

»Schade«, sagte Christian zum Abschied mit ganz traurigen Augen.

»Vielleicht klappt es im nächsten Jahr wieder mit einer Paddeltour«, tröstete Gert. »Nur, versprechen kann ich nichts. Da spielen zu viele Dinge mit.«

In diesem Jahr war Inka eine Woche mit Gisa und Paul unterwegs gewesen, Gert musste plötzlich für einen erkrankten Kollegen einspringen. Christian nickte nur, hatte aber sogleich einen schwärmerischen Blick. Gert sah es und nahm ihn in den Arm.

»Halt die Ohren steif«, sagte er und drückte ihn dabei liebevoll.

Als er vom Hof fuhr, stand Christian mit hängenden Schultern und sah dem entschwindenden Auto nach. Doch tröstete ihn der Gedanke, dass Marco noch eine Woche Ferien hatte.

Dann war auch die vergangen und Cornelia fragte ihn am Telefon, ob sie ihn holen solle.

»Nee, bloß nicht!«, protestierte er lautstark. »Ich gehe mit Marco mindestens zweimal in der Woche zum Fußballtraining. Das macht urst Spaß. Und bei euch habe ich gar nix! Brauchst mich erst zum Schulanfang zu holen.« Am liebsten hätte er hinzugefügt: »Oder überhaupt nicht.« Doch dass das nicht ging, wusste er, und so legte er auf. Mitten in Cornelias Satz. Er hatte ihr gar nicht mehr zugehört.

Er warf sich auf sein Bett und griff den Gameboy, wie er es immer tat, um sich von den tristen Gedanken abzulenken.

Viel zu schnell vergingen auch diese Wochen, und nun saß er in der anderen Schule in der neuen Klasse. Sein Klassenlehrer, Herr Riedmann, hatte ihn kurz vorgestellt und ihn dann in der Mittelreihe platziert. Mittendrin! Neben einem Mädchen! Er hätte sich am

Rand wohler gefühlt. Unglücklich sackte er auf seinem Platz zusammen. Doch als sein Blick vorsichtig nach links zum Fenster wanderte, kniff der blonde Lockenkopf in der Fensterreihe verschmitzt ein Auge zu. Als er gleich noch einmal hinschaute, tat er es wieder. Verwirrt senkte Christian den Kopf. So etwas hatte er überhaupt noch nicht erlebt.

Was war das für einer? Was wollte der wohl?

»Schreib ab«, flüsterte das Mädchen neben ihm. »Es bleibt nie lange stehen!« Nett von ihr, das zu sagen. Er schrieb und warf ihr nebenbei kurze Blicke zu. Kurze schwarze Fransenfrisur, eine kleine Stupsnase, schlank, aber nicht dürr, mehr konnte er nicht ausmachen. Erst in der Pause, als sie ihn voll anblickte, sah er in ihre rehbraunen Augen. Und war hin. Solche hatte er noch nie gesehen!

»Ich bin die Vroni«, sagte sie und reichte ihm die Hand. »Eigentlich: Veronika ... Fischer – wie eure Sängerin. Meine Eltern haben damals für die geschwärmt.«

Der blonde Lockenkopf schob sich dazwischen. »Hey, bin der André. Wohne gar nicht weit von dir. Hab dich auch schon mal gesehen. Trauer bloß nicht der Streberschule nach. Hättest gleich hierher kommen sollen.«

Christian kam gar nicht zum Antworten. Seine Augen wurden immer größer. Noch ein paar schüttelten ihm die Hand. Dann war die Pause zu Ende und er hatte Zeit, seine Gefühle zu sortieren.

War das nun gut, dass sie ihn so einfach ansprachen? Marco würde es bestimmt prima finden. Und die Vroni erst! Wenn Marco die sähe, oh Mann!

Sie stupste ihn an, und als er sie fragend anblickte, wies sie mit dem Stift zur Tafel. Ach so, wieder abschreiben. Wenn er bei der landen wollte, musste er bestimmt ordentlich arbeiten. Er holte tief Luft. Na ja, abwarten.

In der nächsten Pause nahmen ihn die Jungen um André in die Mitte und zeigten ihm die Toiletten und den Weg zum Schulhof. Große Eichen warfen ihren Schatten fast bis in die Mitte des Hofes. Überall standen oder spazierten kleine und größere Schülergruppen, und zu einer davon gehörte er.

Er beantwortete viele Fragen, meist kurz und knapp. Das schien ihnen aber zu gefallen. André fasste es am Ende der Pause zusammen: »Gefällt mir. Scheinst kein Schaumschläger zu sein!«

Einträchtig gingen sie in ihre Klasse zurück. Christians Einsamkeitskapsel bekam einen zarten Riss. Was wohl Marco sagen würde?

Mist, dass er kein Geld für sein Telefon hatte! Sonst hätte er ihn heute bestimmt angerufen. Aber vom Wohnzimmer aus ... wo jeder mithören konnte? Eigentlich ... die waren ja beide arbeiten. Ach, lieber nicht! Nachher kamen sie und wollten dafür Geld von ihm haben. Manchmal hatten sie sich um Kleinkram, dabei gaben sie des Öfteren jede Menge für irgendwelchen Quatsch aus. Sein Sparbuch war immer noch leer! Ob er es überhaupt je zurückbekam? Und sein Vater hatte seine Unterhaltsschulden schon auf 3000 hochgetrieben! Mann, oh Mann! Im Lotto müsste man gewinnen, dann ... Er verlor sich in Spekulationen.

Zum Schulschluss gingen André und seine Freunde mit Christian gemeinsam zum Bus.

»Was machst'n am Nachmittag?«, fragte André.

Christian zuckte die Schultern. »Schularbeiten«, murmelte er.

»Na, doch nicht den ganzen Nachmittag!«

Nun drückten sie sich in den Bus und Christian

kam nicht zum Antworten. Doch sie stiegen alle an der gleichen Stelle aus.

»Kennst dich sicher noch nicht gut aus«, begann André erneut. »Sei Viertel vor fünf hier an der Haltestelle. Dann zeigen wir dir unser Gebiet.« Damit war alles gesagt. Er hob die Hand und ging davon. Einer schloss sich ihm an, alle anderen strebten in verschiedene Richtungen.

Christian schaute ihnen nach und schlenderte langsam nach Hause. Was erwartete ihn denn?! Der Abwasch natürlich ... hmmm ... und die Hausaufgaben. Er seufzte. Beides reizte ihn nicht. Er schielte den Fernseher an. Zu gern hätte er eingeschaltet. Aber dann gab es wieder Zoff, wenn er nicht fertig wurde. Also lieber nicht.

Während er trank, blickte er den Abwasch an. Viel war es nicht, und er beschloss, zuerst abzuwaschen. Und schon war es drei Uhr!

Nun hievte er die Mappe zum Tisch. Hm, Mathe, das ging ja noch. Aber an der zweiten Aufgabe hing er dann doch 20 Minuten. Lustlos begann er mit Deutsch und klierte ein paar Sätze hin. Nun noch Englisch. Er stöhnte, bearbeitete die Lücken im Text und beschloss, die Vokabeln am Abend mit Mama zu lernen.

16.30 Uhr. Rasch schrieb er auf einen Zettel: »Bin bei André«, schloss ab und schlenderte zur Bushaltestelle.

Einer war schon da. Er versuchte, sich an den Namen zu erinnern. Zu blöd. Er wollte ihm nicht einfallen und sein Tempo sank fast auf null.

Ob der andere es ihm angesehen hatte? »Ich bin der Bert«, sagte der plötzlich und zog ihn hinter das Häuschen. Er kramte in der Hosentasche und hielt Christian eine Zigarette hin. »Hast schon mal geraucht?«

Christian nickte und wehrte ab. »Lass mich bloß mit dem Zeug in Ruhe. Das fange ich gar nicht erst an.« War das etwa eine Bedingung in ihrer Truppe? Seine Miene verschloss sich.

Ob André mitgehört hatte? Jedenfalls trat er hinzu und meinte leichthin: »Schön, dass du da bist.« Er sah auf seine Uhr. »Wo bleibt denn Oli ... und Tom? Übrigens: Chris reicht, Christian ist viel zu lang.« Da konnte sich Christian denken, dass Tom wohl Thomas hieß.

Endlich kam Tom angerannt. »Oli wird wohl nicht kommen. Da ist irgendwas los«, stieß er hervor und schnaufte.

»Vielleicht schlagen sich seine Alten wieder«, erklärte Bert und winkte verächtlich ab. »Beide arbeitslos und saufen«, fügte er für Chris hinzu.

»Kommt, wir gehen«, sagte André und setzte sich in Bewegung. Sie gingen eine schmale Straße aufwärts. Hier standen lauter Einfamilienhäuser hinter blumigen Vorgärten. André zeigte auf eins. »Da wohnt deine schöne Nachbarin.«

»Die Vroni?«, fragte Chris begriffsstutzig.

André grinste breit. »An welche Nachbarin dachtest du denn?!«

Chris antwortete nicht und besah sich das kleine Anwesen. Es gefiel ihm genauso wie die Vroni.

»Na komm«, stupste ihn André mit dem Ellenbogen. Zwischen zwei Grundstücken öffnete sich eine kleine Lücke und Chris entdeckte einen Fußweg, gerade so breit, dass zwei Personen bequem nebeneinander gehen konnten. André bog ein.

»Ganz früher haben hier die Leute mit dem Handwägelchen ihr Holz aus dem Wald geholt«, erklärte Bert von hinten. Und wirklich! Hinter den Grundstücken begann der Wald mit hohen Bäumen und

Buschwerk. Der Weg schlängelte sich dazwischen am Hang entlang und einmal konnte Chris das Städchen unter sich im Tal liegen sehen. Von dort waren es nur noch ein paar Schritte, als André an einem verfallenen Schuppen anhielt, der von Büschen umwuchert und vom Weg kaum zu sehen war.

»Achte darauf«, sagte er belehrend zu Chris, »dass du hier am Weg nicht alles niedertrittst. Es muss nicht jeder sofort sehen, dass wir den Schuppen nutzen.«

Er drückte mit Arm und Oberkörper die Zweige fort und tat einen großen Schritt über das hohe Kraut und war für Chris beinahe verschwunden. Bert drückte sich an Chris vorbei und folgte André.

»Nun du!« Tom piekte ihm den Finger in den Rücken und Chris machte es den anderen nach. Ein kleiner Ast knackte, und als er das Buschzeug losließ, segelte er zur Erde. Tom bückte sich und warf ihn auf die andere Wegseite. Erst danach folgte er Chris, der vorsichtig wie der Storch im Salat zum Schuppen stakte und die große Brennnessel nicht bemerkte. Erst als sie seine Wange streifte, wich er aus. Nur ganz zart brannte es. Wahrscheinlich hatte sie so weit oben in den Blüten nicht viele Brennhaare.

Die Tür des Schuppens hing schief in den Angeln und stand eine Ritze weit offen, sodass die Jungen sie beim Hindurchschlüpfen nicht zu berühren brauchten. Drinnen sah Chris erst mal gar nichts.

Das Fenster schien vernagelt zu sein. Nur ein einziger Sonnenstrahl fiel hindurch und Chris erblickte tanzenden Staub darin. Langsam verdichteten sich die Umrisse der anderen. Sie schienen in einer Ecke etwas umzuwühlen.

Eine Feuerzeugflamme erhob sich und Chris sah, wie André eine Kerze entzündete. »Setz dich dort auf den Stuhl«, sagte André mit einer flüchtigen Handbewegung in Richtung Fenster. Jetzt konnte Chris auch die Größe des Schuppens erkennen. Er schätzte ihn auf zwei mal drei Meter. An einer Schmalseite lag ein Berg Gerümpel. Dort kramte André erneut herum. Davor standen ein paar marode aussehende Stühle und gegenüber eine kleine Holzbank. Sehr wurmstichig, wie er später feststellte. In der Mitte hatten wohl die Jungen aus alten Ziegeln eine Art Tisch gebaut. Darauf thronte die Kerze. Sie blakte. Der Docht war zu lang.

Chris setzte sich auf den gewiesenen Stuhl, vorsichtig prüfend, ob er auch nicht gleich unter ihm zusammenbrechen würde.

Bert hatte schon wieder die Zigarette in den Fingern. Nun beugte er sich nieder zur Flamme und rauchte sie an. Er bot sie auch den anderen dar. André nahm sie, aber Chris sah, dass er keinen echten Lungenzug machte, und gab sie dann Tom. Der hielt es ebenso wie André.

Chris winkte ab, als Tom sie ihm geben wollte. »Hab ich mit sieben gemacht. Kommt für mich nicht in Frage. Auch nicht zum Schein!« Damit spielte er auf Andrés und Toms Zug an.

André sah ihn mit hochgezogenen Brauen an. »Gut«, sagte er nur und Chris kam sich vor, als hätte er die erste Prüfung bestanden.

Inzwischen fummelte Tom an einem kleinen schwarzen Kasten herum. Chris staunte. Ein CD-Player. Nun schob Tom eine CD ein und der tolle Sound von Linkin Park erfüllte den Schuppen. Tom stellte ein wenig leiser.

»Oh, meine Lieblingsgruppe«, sagte Chris überrascht. Er musste trotzdem fast schreien. André nahm noch etwas Ton weg und zeigte Tom einen Vogel. Nun konnte man sich, ohne schreien zu müssen, verständigen. Die Körper der Jungen zuckten im Takt mit. Nur noch Satzfetzen warfen sie sich zu, zum Beispiel über weitere Gruppen, die sie geil fanden.

Als die Musik nach einer dreiviertel Stunde verklang, entnahm Tom die CD und André umwickelte das Gerät mit einem bunten Lappen. Dann schob er es unter den Gerümpelhaufen.

»Wieso das?«, erkundigte sich Chris. »Kann doch geklaut werden.« Ihm kam das reichlich seltsam vor.

»Wissen nur wir davon«, entgegnete Bert.

»Und wenn hier zufällig andere Kinder herumwühlen?« Chris war nicht überzeugt. Schließlich konnte jeder hier hinein. »Dann verdächtigen wir uns gegenseitig. Das macht jede Freundschaft kaputt.«

Die drei starrten ihn an, als sei ihnen diese Idee noch nie gekommen.

»Recht hat er«, gab André schließlich zu. »Aber ich kann das Ding nicht mit nach Hause nehmen. Das gäbe Zoff.«

»Wieso? Ist es geklaut?« Chris schaute sie neugierig an. Die Kerze flackerte und verwandelte die Gesichter ständig. Sahen sie betreten aus? Ihm schoss ein Gedanke durch den Kopf. »Wenn ich es zum Beispiel heute mit nach Hause nähme, würde ich meiner Mutter erklären, dass es mir einer von euch geborgt hätte. So könnte man es abwechselnd machen.«

Ein Leuchten huschte über ihre Gesichter.

»Mensch, gut!«

»Geil!«

»Dass wir darauf nicht gekommen sind!«, hörte Chris von allen gleichzeitig. André schlug ihm auf die Schulter.

»Uns war wirklich nicht sehr wohl bei dem Gedanken, es hier zurückzulassen. Dafür darfst du es heute auch gleich mitnehmen. Seid ihr einverstanden?«

Die anderen nickten eifrig.

André zog es wieder hervor und reichte es Chris. Der wollte als Erstes den Lappen abwickeln und wegwerfen.

»Lass es lieber eingewickelt«, riet Bert.

»Wieso? So'n Ding hat doch fast jeder!« Chris blickte von einem zum andern. War wirklich etwas faul?

»Das hat einen Kratzer.« Tom zeigte darauf.

»Na und? Kann doch grade reingekommen sein!« Chris ließ nicht locker.

»Der Mensch könnte es erkennen«, sagte Bert leise.

»Also doch geklaut.« Chris nahm es, unsicher geworden, etwas vom Körper fort.

»Jein«, druckste André. »Es lag herum. Der Besitzer war besoffen. So eine Gelegenheit … na ja, haben wir uns nicht entgehen lassen.«

»Hm.« Chris überlegte. »Dachte schon, ich müsste bei euch als Einstand noch irgendwo klauen gehen.« Heftiges Kopfschütteln antwortete ihm. »Aber der bunte Lappen macht es doch erst auffällig.« Er warf ihn nun endgültig fort. »Zu Hause suche ich etwas anderes. Jetzt stecke ich ihn unters T-Shirt.« Er fummelte.

»Einverstanden!«

»Gehen wir endlich!«, hörte er von den anderen und der Erste drängte sich nach draußen. André löschte die Kerze und versteckte sie, dann folgte er Chris ins Freie. Ein Weilchen stapften sie schweigend dahin.

»Eh, bisher haben wir immer abwechselnd die Batterien mitgebracht. Aber zu Hause kann jeder den Discman stundenlang laufen lassen. Darüber müssten wir uns auch einigen«, verlangte Bert. Er war stehen geblieben, und so stockte der Marsch.

André warf einen Blick auf seine Uhr. »Können wir jetzt nicht klären«, sagte er unwillig. »Denkt drüber nach und macht morgen Vorschläge. Aber nicht in der Klasse davon anfangen«, setzte er mit Blick auf Chris hinzu. Er schob Tom zur Seite und setzte sich wieder in Bewegung. Zügig. Die anderen folgten. Keiner sprach. An der Bushaltestelle hielt André nicht an, sondern rief seinen Gruß im Gehen den anderen zu. Genauso zogen auch die anderen ab und Chris tat es ihnen nach.

Cornelia war schon in der Wohnung. »Wo treibst du dich denn herum? Das ist ja ganz was Neues!«

»Ich habe aber abgewaschen und Schularbeiten gemacht«, verteidigte er sich und lief rasch in sein Zimmer. Er steckte das Gerät unter die Bettdecke und griff zum Heft. Damit und mit dem Englischbuch eilte er zurück zu ihr.

»Hier, kannst nachsehen!«

Sie schaute flüchtig ins Heft. »Und was soll das Englischbuch?«

»Musst mit mir Vokabeln lernen.«

»Doch nicht jetzt! Jetzt essen wir erst!«

Ihm war es recht. Er deckte den Tisch, während sie Tee kochte und das Brot schnitt. Dabei überlegte er, ob er ihr von dem Discman erzählen sollte. Erst mal nicht, entschied er, aber von den neuen Freunden. Den Schuppen ließ er auch aus.

»Na ja, das freut mich, dass du endlich Anschluss hast. Aber lass dich nicht zu Dummheiten verleiten«, fügte sie noch hinzu.

Nach dem Abendessen fragte sie ihm etwas lustlos die Vokabeln ab. Er spürte es und nahm ihr bald das Buch aus der Hand.

»Bist wohl müde. Machen wir morgen weiter.« Sie widersprach nicht, obwohl mehr Übung für ihn besser gewesen wäre. Er schaltete den Fernseher an und sie stellte die Serie ein, die sie so gern sah. Liebe, Hass und tausend Küsse und so. Natürlich fläzte er sich dazu. Schnell nahm ihn die Handlung gefangen.

Erst als er ins Bett ging, dachte er an das Gerät, den Transport und die Batterien. Aber einen Einfall dazu hatte er nicht.

Der kam ihm, als er morgens zur Bushaltestelle ging. Doch vorerst wurde er ihn nicht los. In der großen Pause stellten sie sich so, dass sie nicht belauscht werden konnten.

»Also«, platzte Bert heraus, »wir verpflichten uns, zu Hause das Ding nicht zu benutzen.«

»Da läuft doch sowieso meistens der Fernseher«, meinte Chris. »Ich hatte gestern gar keine Zeit, ihn anzuschmeißen.«

»So ähnlich ist das bei mir auch«, brummte Tom.

»Um was geht es denn?«, erkundigte sich Oli.

André dämpfte seine Stimme fast zum Flüstern. »Um den Discman. Chris meinte gestern, der könne von anderen dort schnell geklaut werden. Wir wollten ihn abwechselnd mit nach Hause nehmen. Aber da kam die Batterienfrage auf. Dazu sollte sich jeder Gedanken machen.«

Oli sackte zusammen. »Ich kann den nicht mitnehmen. Ihr wisst doch …« Er machte ein unglückliches Gesicht.

»Daran haben wir nicht gedacht, und Chris konnte es nicht wissen«, sagte Tom verlegen.

»Das macht doch nichts«, tröstete André. »So was haut doch Freunde nicht um!«

»Vielleicht darf ich euch, wenn schlechtes Wetter ist, mit zu mir nehmen … Aber da muss ich erst mit meiner Mutter sprechen«, versprach Chris.

Olis Gesicht klarte auf. »Das wäre prima. Manchmal waren wir schon bei André. Der besitzt auch ein Zimmer ganz für sich alleine.«

»Bei Bert und mir geht's nicht«, bemerkte Tom bedauernd. »Wir haben noch Geschwister mit drin.«

»Wären ja immerhin schon zwei, bei denen wir mal unterschlüpfen können«, stellte Bert fest.

Oli griente süffisant. »Manchmal dürfte es auch bei mir möglich sein, aber das kann ich erst in letzter Minute sagen.« Er meinte jenen Tag, an dem seine Eltern in irgendeiner Kneipe versackten. Der war aber nie vorhersehbar. Vielleicht wäre Oli schon in einem Heim, aber er war in der Schule nie auffällig und stets sauber und ordentlich gekleidet.

»Im Winter könnten wir uns ja einen Iglu bauen«, grinste Chris.

»Mann, hast du Einfälle«, stöhnte Bert, halb belustigt, halb anerkennend.

»Aber das müsste irgendwo sein, wo nicht gleich die nächste Truppe alles wieder einreißt.«

Chris dachte an seine Grundschulzeit. Wenn er mit seinen Freunden aus Zweigen eine Bude im Wald gebaut hatte, war sie meistens am nächsten Tag von anderen zerstört gewesen. Und nie hatten sie herausbekommen können, wer es war.

Es klingelte. Beim Hineingehen meinte André: »Das ist ja noch 'ne Weile hin. Übrigens beginnt heute das Fußballtraining. Vielleicht willst du mal reinschauen?!« Er nannte Chris Ort und Zeit. Dann hatte der Mathe-Lehrer das Sagen und Christian musste seinen Grips anstrengen.

Seine Mama konnte er zu Hause nicht erst fragen, denn sie war zur Schicht. Also entschied er, wenigstens ein paar Schularbeiten zu machen. Der Abwasch war nicht groß. Notfalls musste er ihn am Abend erledigen oder hatte ihn morgen am Hals.

Pünktlich stand er am Treffpunkt und blickte den

anderen aufgeregt entgegen. Als der Bus kam, war Bert noch nicht da.

»Und Bert?«, fragte er André beim Einsteigen.

Der schüttelte den Kopf. »Ist kein Fußballer. Klimpert auf 'nem Klavier.« Chris pfiff durch die Zähne. Hochachtungsvoll. Denn dafür musste man üben, das wusste er, weil Wagi einst Trompete geblasen hatte. Ob der das immer noch tat? Er wüsste es ja gern, aber schreiben ...?

Dann saß er mit anderen am Rande des Platzes und schaute zu. Mit seinen einfachen Turnschuhen durfte er nicht mitmachen. Aber mit einem Mal schien es sich der Trainer anders überlegt zu haben und rief ihn ins Spiel. André ging dafür hinaus.

Christian versuchte sich einzuordnen und lief, wie es sich gehörte, über den Platz. Er spielte auch den Ball scheinbar zur Zufriedenheit, denn als der Trainer erneut pfiff, ihn vom Platz schickte und André zurückbeorderte, meinte er: »Frag zu Hause, ob du mitmachen darfst. Das kostet aber ...« Er rieb Daumen und Zeigefinger aneinander. »André sagt dir, was du brauchst.«

Das Wichtigste waren die Schuhe, das wusste er schon von Marco. Im Augenblick arbeiteten beide, Mama und Silvio. Da könnte es funktionieren.

Ja, es klappte. Mama wunderte zwar herum, aber dann ging sie doch mit ihm einkaufen. Das war eine Tortur, und eine Stunde verging, bevor er die passenden Schuhe besaß. Alles andere war dann schnell erledigt.

Freudig ging er beim nächsten Mal mit zum Training. Endlich gehörte er dazu. Seltsamerweise besserten sich seine schulischen Leistungen. Nicht dass er nun zu den guten Schülern zählte, nein, aber doch nicht mehr zu den versetzungsgefährdeten.

Seine Haltung veränderte sich. Er kam nicht mehr wie ein nasser Sack daher, sondern zeigte einen forschen Gang. Sein Blick wurde neugierig-ergründend und seine Sprache klar und deutlich.

Die Oma kippte beinahe aus den Schuhen, als sie ihn nach mehreren Wochen wiedersah.

»Junge, Junge, hast du dich verändert. Du hast ja eine Wendung um 180 Grad vollzogen! Wie hast du denn das geschafft?«

Er lachte und umarmte Oma, die er nun um einen ganzen Kopf überragte.

»Aber dünn bist du geworden«, meinte sie und kochte ihm seine Lieblingsspeisen.

Da ja im Brandenburgischen keine Ferien waren, ging er mit Marco am Nachmittag zum Fußballtraining. Seine neuen Schuhe hatte er mitgebracht. Auch hier wurde er wie ein Wunder angestaunt. Es ging ihm runter wie Öl. Und als er dann auch noch ausgezeichnet spielte, hagelte es von allen Seiten Anerkennung.

Diesmal fuhr er ohne Wehmut zurück nach Bayern. Ganz tief im Innern freute er sich sogar auf die Schule, denn dort saß er noch immer neben Vroni.

Wie seit alters her rauschte das Flüsschen je nach anfallendem Niederschlag mal lauter, mal leiser durch die Stadt und viele Menschen suchten auf der Uferpromenade Erholung und Entspannung.

Christian sah und hörte nichts vom Geplätscher, nichts von den Vorübergehenden. Er war wütend. »Lehrjahre sind keine Herrenjahre«, hatte er heute zu hören bekommen. Dabei war er gar nicht widerspenstig gewesen. Lustlos ja, aber nicht unwillig. Wieso polterte der Meister immer gerade bei ihm? Vielleicht hätte er doch lieber einen anderen Beruf erlernen sollen als Schlosser.

Aber Fußballer gab es noch nicht als Lehrberuf. Dort war er wirklich gut! Da brauchte ihn keiner anzuspornen.

Was hatten sie ihm im vorigen Jahr alles vorgeschlagen! Oh Gott! Wie sollte er wissen, was er gern lernen wollte? Seine Zeugnisse waren auch nicht gerade berauschend gewesen, sodass es schwierig gewesen war, überhaupt eine Lehrstelle zu finden.

Na ja, bald würde er 18 sein! Wenn sie ihn dann im Fußball nähmen, würde er sofort seine Lehre sausen lassen! Andere Fußballer sind auch dicke da und haben keinen Beruf gelernt.

Christian verlor sich wieder einmal in Träumereien.

Als Fußballer hatte er auch Chancen bei den Mädchen. Das spürte er nach jedem Spiel.

Damals, bei der Vroni, kam er nicht zum Zuge, weil die nur auf schulische Leistungen sah. Sie hatte ihm immer geholfen, doch als er begann, ihr Avancen zu machen, hatte sie unmissverständlich gesagt: »Chris, du bist ein lieber Kerl, aber bei mir brauchst du nicht zu kratzen. Da kommt nur einer mit sehr guten Leistungen in Frage! Lass es bei dem, wie es bisher war, ja?«

Aber als sie ihm nach einem Sieg im Fußball gratulierte, freute er sich darüber doch mehr als bei jeder anderen. Er sah sie noch immer mit einer Glorie, obwohl sie mit 16 dann den besten Schüler der Schule zum Freund hatte. Jetzt war sie fort. Sie lernte in Regensburg. Und er hatte ja auch eine Freundin.

Nach einem Fußballspiel war sie ihm um den Hals gefallen und hatte ihn geküsst. Und er hatte nichts getan, um sie loszuwerden. Nadine himmelte ihn an und tat alles, was er wollte. Sie war nicht dunkel wie Vroni. Sie war blond. Und manchmal musste er an die

Blondinenwitze denken, aber ansonsten war sie super. Ihr Aussehen: spitze. Und mancher beneidete ihn.

Marco hatte auch anerkennend geschnalzt, als er ihrer ansichtig wurde. Später dann nachsichtig gelächelt.

Seine Jasmin war nicht so grazil wie Nadine und wirkte neben dieser wie eine Eiche neben einer Birke. Der Kontrast wurde noch durch ihre dunkelbraune Lockenpracht verstärkt.

In der Wohnung war niemand und Christian überlegte, ob er Marco anrufen könne. Aber der würde ihn wahrscheinlich nicht verstehen. Der lernte ja seinen Traumberuf: Kfz-Schlosser. Manchmal ging er ihm ganz schön auf den Docht mit seiner Fachsimpelei.

Christian schaltete den Fernseher an und warf sich auf die Eckcouch, angelte sich die Fernbedienung und zappte sich durch die Sender, bis er an eine Handlung mit einem coolen Typen kam. Er verstand zwar nicht, worum es ging, aber so wie der dort auftrat, hätte er sein wollen. Er starrte zum Fernseher und wäre vielleicht eingeschlafen, wenn es nicht geklingelt hätte.

Verdutzt orientierte er sich, wo er war, und schaltete den Fernseher auf Stand-by. Es klingelte erneut und er schraubte sich hoch, um nachzusehen, welcher Idiot die Klingel traktierte.

Kaum hatte er die Tür geöffnet, hing Nadine an seinem Hals.

»Oh, mein Lieb, freust du dich, dass ich hier bin?« Sie küsste ihn, ohne seine Antwort abzuwarten. »Wollen wir ins Kino oder in die Disco?«

Er schob sie etwas von sich. »Bin gerade erst gekommen. Muss mich noch frisch machen«, murmelte er verlegen. »Außerdem habe ich für beides kein Geld.«

Sie lachte gekünstelt. »Du immer mit deinen komischen Ansichten. *Ich* habe doch Geld.« Sie zog ihn ins Wohnzimmer. »Nun mach dich frisch, mein Lieb. Ich schalte so lange den Fernseher an.« Sie küsste ihn flüchtig, schob ihn dann von sich und griff nach der Fernbedienung.

Er ging zuerst in sein Zimmer, suchte seine Sachen, um damit im Bad zu verschwinden. Dass sie stets Geld hatte und er nicht, war auch schwer zu verkraften. Es lag nicht nur daran, dass sie Friseuse lernte – sie war schon im zweiten Lehrjahr –, nein, es lag auch an ihren Eltern. Der Vater war in der Politik, und nicht nur auf der örtlichen Ebene. Die Mutter konnte ohne weiteres als ältere Schwester Nadines auftreten. Christian war bei der ersten Begegnung total verblüfft gewesen. Sie hatte darüber gekichert, genau wie Nadine es immer tat, wenn sie mit einem neuen Outfit bei ihm auftauchte.

»Sag Romy zu mir«, hatte sie danach gesäuselt, »obwohl ich ja Romhilde heiße. Aber wie klingt denn Romhilde! Irgendwie uralt, nicht wahr?« Er hatte nur vehement genickt.

»Romy ist viel schöner«, bestätigte er ihr und hatte damit gewonnen. Nadines Taschengeld wurde sogleich aufgestockt.

Als er wie aus dem Ei gepellt im Wohnzimmer auftauchte, konnte sie sich nicht von der Flimmerkiste lösen und winkte ihn nur neben sich. An ihn gekuschelt zog sie sich den Schluss des Stückes rein. Dann seufzte sie.

»Ach, war der fies zu ihr! Du machst so was nicht mit mir, stimmt's?«

»Bestimmt nicht«, versicherte er und erwiderte ihren Kuss, obwohl er nicht wusste, worum es ging.

Sie löste sich von ihm, als seine Finger kühn wurden.

»Ist heute nicht drin«, sagte sie und er wusste sofort

Bescheid. »Die bringen einen geilen Film, den könnten wir uns ansehen. Disco ist wohl nicht so gut, weil wir beide morgen frisch sein müssen. Hast du morgen ein Spiel oder nur Training?«

»Training«, antwortete er kurz und sie zog ihn hoch und Richtung Tür. Er folgte ihr willig.

Am Samstag saß er, sie natürlich neben ihm, in der Stammkneipe und feierte mit seiner Mannschaft den 1:0-Sieg. Er war als Torschütze der Held des Tages und fühlte sich rundum wohl. Durch diesen Punktgewinn stand die Mannschaft an der Tabellenspitze und nur ein Feuerwerk beim morgigen Treffen der Favoriten könnte sie von dort verdrängen.

Christians Hochgefühl steigerte sich von Runde zu Runde.

»Wenn wir den Sprung in die Regionalliga schaffen, schmeiße ich die Lehre hin«, rief er plötzlich und stieß sein Bierglas prostend gegen das seines Kumpels. Er trank und fühlte dabei, dass es rundum ruhiger geworden war. Alle in seiner Nähe sahen ihn an, als er das Glas absetzte.

»Was ist?« Er blickte sie irritiert an.

Der ihm gegenübersitzende Mannschaftskapitän schüttelte leicht den Kopf. »Du hast das nicht im Ernst gesagt, oder?«

»Was? Das mit der Lehre? Doch! Mein voller Ernst!« Christian blickte trotzig um sich.

»Das hätte ich von dir nicht gedacht. Aber das können wir hier am Biertisch nicht bereden.« Er nahm einen langen Zug aus seinem Glas und sah Christian danach bedeutungsvoll an. Der bekam ein mulmiges Gefühl im Bauch. Warum hatte er sich nur hinreißen lassen?!

Drei Tage später hockte er, nicht gerade glücklich, nach dem Training vor dem Kapitän Ronny und dem

Trainer, die eine Stellungnahme zu seinem Ausspruch forderten.

»Wieso willst du deine Lehre hinschmeißen, wenn wir aufsteigen?«, fragte der Trainer. »Meinst du, dass du es dann nicht mehr nötig hast zu lernen?«

»Die Lehre macht überhaupt keinen Spaß. Der Meister hat mich andauernd auf dem Kieker«, verteidigte sich Christian.

»Dann muss ich zuallererst klarstellen«, sagte der Trainer tiefernst, »dass wir genauso schnell absteigen können, wie wir aufgestiegen sind. Zudem ist ›Fußball‹ kein Beruf, sondern eine vielleicht zehn Jahre dauernde Beschäftigung. Sie kann aber durch Verletzung viel eher beendet werden. Und was dann? Ohne einen Berufsabschluss bist du der letzte Dreck. Du bekommst überall weniger Geld. Als Ungelernter! Phh!«

Ronny mischte sich ein. »Kennst du das Gefühl, wenn andere stets mehr Geld in der Tasche haben als du?«

»Und ob ich das kenne!«, brauste Christian plötzlich auf. »Alle haben mehr als ich und ich muss mich von Nadine freihalten lassen!«

»Und wieso hat Nadine mehr Geld?«

»Weil sie schon im zweiten Lehrjahr Friseuse lernt und weil ihr Vater Politiker ist!«

»Und du meinst, dem schmeißen sie das Geld in den Schoß? Für nichts und wieder nichts? Meinst du, der hatte immer gleich alles, ohne sich anzustrengen? Frag ihn mal!«

»Im Leben ist es genau wie beim Fußball: Wenn du dich nicht anstrengst, erreichst du nichts«, sagte nun der Trainer und erhob sich. »Frag mal Nadines Vater und denk darüber nach. Schließlich bist du kein grüner Junge mehr.«

Christian trollte sich. Natürlich wartete Nadine

schon vor dem Tor. »Was wollten sie denn von dir? Die anderen haben gesagt, du musst noch zum Trainer ...« Sie schlang ihren Arm im Gehen um seine Taille und er tat es ebenso.

»Die wollten mir eintrichtern, dass mir die Lehre Spaß machen muss«, stieß er trotzig hervor.

»Na ja, Spaß macht sie mir oft auch nicht. Heute war so 'ne blöde Kuh da, der konnte ich nichts recht machen. Am schlimmsten ist aber die Schule. Was die alles verlangen!« Sie stöhnte melodisch.

»Und dein Vater?«, stieß Christian hervor, in Gedanken bei der Mahnung seines Trainers.

»Na, dem darf ich nicht mit Klagen kommen! Da höre ich gleich, was er alles lernen musste, um so wie jetzt dazustehen!«

Christian erkannte an ihrer Antwort, dass er sich vielleicht um die direkte Frage an den Vater vorbeimogeln könnte, wenn er Nadine nur richtig ausquetschte.

»Erzähl mal«, forderte er deshalb.

Nadine stutzte. »Wieso? Was?«

»Na ja, was hat er denn alles gelernt?«

»Na, wahrscheinlich viel! Sonst würde er das doch nicht immer sagen!« Sie beugte sich beim Gehen vor, um ihm ins Gesicht zu schauen. »Warum willst du denn das wissen? Die Alten haben doch immer mehr gemacht als wir jetzt! Wir wollen uns doch bloß auf ihren Lorbeeren ausruhen!« Sie kicherte und er wusste, dass sie nur wiederholte, was ihr ständig vorgebetet wurde.

»Nee, du, ich möchte wirklich wissen, was dein Vater alles durch hat. Und was er ohne das wäre.«

»Ach so? Das interessiert dich? Ich glaube, der ist heute sogar zu Hause ... Jedenfalls war er's vorhin! Komm mit zu mir. Ist sowieso nirgends was los!

Wenn du ihn ausgequetscht hast, machen wir es uns gemütlich.« Sie bohrte mit ihren Fingern in seiner Taille, was ihn zum Ausweichen nach der anderen Seite verführte. Dort aber war die ganze Nadine, und die gickelte wollüstig, dass es ihm heiß und kalt den Rücken herunterlief.

Der Vorschlag war gut, vor allem der letzte Teil. Vor der Frage hatte er allerdings Bammel. Bis jetzt war es ihm stets gelungen, große Gesprächsrunden mit ihren Eltern zu umgehen, indem er sich mit Nadine ziemlich schnell vorbei gedrückt hatte und in ihrem Reich verschwand.

Ja, sie hatte einen eigenen Bereich, nicht nur ein Zimmerchen wie er. So groß war schon ihre Küche. Dazu ein herrliches Wohnzimmer mit *Oberlichtern!* Er hätte »große Dachfenster« dazu gesagt! Ihr Schlafzimmer war verhältnismäßig klein, dafür lag daneben ein »Boudoir«, ihr Ankleidezimmer! Mit übergroßem Spiegel und einer Auswahl der heutigen Mode! Mann, oh Mann, das hatte ihn beinahe umgehauen, als er es zum ersten Mal sah. Es machte ihn auch jetzt noch klein!

Und alles blitzte vor Sauberkeit. »Mann, da bist du wohl dauernd am Putzen?«, hatte er sie überrascht gefragt.

Daraufhin sah sie ihn sehr verdutzt an. »Wieso? Das macht doch unsere Putzfrau!«

Diesmal würden sie sich also nicht vorbeidrücken. Ihm wurde ganz blümerant, je näher sie der Villa kamen. Sie plapperte wie immer, aber zuletzt schien sie seine Stimmung zu erfassen. Ihre ultrablauen Augen hingen an seinem Gesicht und ihn erfasste ein leichtes Schwindelgefühl – wie immer, wenn er sich dieser Schönheit bewusst wurde. Unfassbar! Ihm gehörte das schönste Mädchen der Welt!

»Na komm, mein Vater beißt doch nicht!«, meinte sie leichthin und meinte, ihn damit beruhigen zu können.

»Was soll ich denn sagen?«, murmelte er, als sie die Haustür öffnete.

»Frag einfach! Du willst doch etwas wissen!« Sie zog ihn ins Haus. »Paps?«, rief sie laut. »Bist du zu Hause?«

»Bin im Arbeitszimmer«, antwortete eine sonore Stimme und Christian bekam weiche Knie.

»Dürfen wir dich mal stören?«, flötete Nadine und drückte die Klinke nieder. Sie steckte den Kopf durch die Ritze. »Aber wenn du keine Zeit hast, verschieben wir es.« Manchmal, wusste sie, durfte man ihn nicht stören.

»Kommt nur«, forderte er die beiden auf. Der mindestens 1,80 Meter große, dunkelhaarige Mann erhob sich aus seinem Chefsessel. »Ich brauche sowieso mal eine Pause.« Er kam ihnen entgegen und reichte Christian seine Rechte. Mit der Linken wies er auf die Sitzgruppe, um sie danach Nadine um die Schulter zu legen und sie zärtlich an sich zu ziehen.

»Na, mein süßer Fratz, was gibt es denn? Ich schütte mir ein Wasser ein. Möchtet ihr auch etwas trinken?«

»Ja, Paps, auch ein Wasser!« Lächelnd goss er drei Gläser voll und stellte sie auf die Glasplatte des kleinen Tischchens. »Zum Wohl!« Er hob kurz das Glas ihnen entgegen, bevor er es ansetzte und trank. Nadine nahm einen ordentlichen Schluck, Christian nippte nur und hielt sich dann am Glas fest.

Herr Wiesner stellte das Glas ab und sah von einem zum anderen. Christian wusste, jetzt musste er fragen, und brachte keinen Ton heraus. Nadine sprang ein.

»Chris möchte wissen, wie du in die Politik gekommen bist!«

Das war es eigentlich nicht, und nun löste sich der Kloß in seinem Halse. »Nein, ich möchte wissen, was Sie ohne zu lernen geworden wären.« Jetzt war es heraus und er bekam einen roten Kopf.

Herr Wiesner sah ihn nachdenklich an. »Tja, was wäre ich dann wohl ... Vielleicht Kleinbauer wie mein Vater. Müsste von früh bis spät malochen, winters wie sommers, alltags wie sonntags. Dann hätte ich nicht dieses Haus, nicht diese Frau, nicht diese Tochter! Junge Männer in *dem* Beruf haben auch schon vor 20 Jahren kaum eine Frau bekommen, denn solch ein Leben fand fast kein Mädchen erstrebenswert. Und heute musst du als Bauer neben der Arbeit haufenweise Schreibarbeiten erledigen, sonst kannst du gleich aufgeben.«

Er hielt inne und strich sich mit der Hand sein Haar nach hinten. »Nein, das, was ich als Kind und Jugendlicher gesehen habe – eigentlich nicht nur gesehen, ich musste ja kräftig mithelfen –, das hat mir den Spaß am bäuerlichen Leben völlig genommen.« Er blickte Nadine abwägend an. »Ihr wart noch nicht draußen bei Oma und Opa? Vielleicht könntet ihr einen Besuch dort einplanen.« Er seufzte. »Wir waren auch schon wieder lange nicht dort. Aber wenn ihr euch nicht vorher anmeldet, nehmt ein bisschen Kuchen mit. Sonst verfällt Oma in Panik.«

Nun sah er Christian lange an. »Aber das allein wolltest du nicht wissen, nicht wahr?«

Christian nickte. »Und dann?«, stieß er hervor und wurde erneut rot. Durfte er denn in andrer Leute Vergangenheit rumwühlen?

»Da ist nichts Geheimnisvolles dabei. Als ich das mit ungefähr zwölf oder dreizehn kapiert hatte, begann ich in der Schule aufzupassen, was die Lehrer so erzählten, und meine Leistungen verbesserten sich.

In der achten Klasse gehörte ich zum guten Mittelfeld und am Ende der zehnten zu den Besten. Aber noch schreckte ich vorm Abitur zurück. Und vor der Universität!« Er lachte bitter. »Was war ich dumm.« Er hing einen Moment in seinen Gedanken fest und Christian wagte kaum zu atmen.

»Tja, weil ich aber gut war, konnte ich mir die Lehrstelle aussuchen, und ich lernte dort, wo viel Geld war, was ich zu Hause nie zu sehen bekam: bei der Bank. Nicht hier, sondern in Regensburg. Ich wollte fort und nicht ständig die sorgenvollen Reden hören. Zuerst hatte ich es sehr schwer. Ich konnte nicht frei sprechen, ohne rot zu werden. Mein Wortschatz war sehr begrenzt.« Er zuckte mit den Schultern.

»Mein Vater war wortkarg und meine Mutter sprach nur wenig mehr. Sie hatten mit der Arbeit zu tun, und was ich hörte, bezog sich auch stets auf sie. Hin und wieder wurde auch mal auf die Politiker geschimpft.« Er lächelte.

»In der Lehre habe ich täglich im stillen Kämmerlein Wörter und Redewendungen geübt, und bald konnte ich besser reden als die anderen. Meine Lehre schloss ich mit ›Sehr gut‹ ab. Dadurch konnte ich mir meinen Arbeitsplatz aussuchen. Aber bald genügte mir das alles nicht mehr. Nicht dass es mir in dieser Zeit um mehr Geld ging, nein, ich konnte mir nicht vorstellen, mein ganzes Leben mit dieser Beschäftigung zu verbringen. Ich engagierte mich in den verschiedensten Gruppen. Nein, im Sport nicht. Da war ich nie gut gewesen. Habe sogar eine Weile in einer WG gehaust! In jener Zeit bin ich an Greenpeace geraten, habe ein paar Jahre gefährlich gelebt. Aber dann lernte ich Nadines Mutter kennen und wollte nicht mehr so riskante Unternehmungen mitmachen. Ich habe mich abgeseilt, wie ihr das wohl sagen würdet, und bin in der Politik hängen geblieben. Doch kein Tag vergeht ohne zu lernen. Du brauchst nur deine Einstellung zum Lernen zu verändern – statt ›buh‹ musst du ›ahh‹ sagen – und schon geht alles leichter. Wenn Nadine gestöhnt hat ...«

»... das macht mir gar nichts, sollte ich immer sagen!« Nadine verdrehte ihre Äuglein.

»Jawohl! Du kannst auch sagen: ›Ich schaffe alles, nun gerade!‹« Er blickte Christian abwägend an.

»Nadine ist wie meine Frau. Die setzt auch auf den Mann als Verdiener. Sie können repräsentieren, aber mehr nicht. Mehr wollen sie auch nicht«, setzte er schnell hinzu und blickte Nadine liebevoll an.

»Genau, Paps. Und wenn Chris ein großer Fußballer ist ...«

»Dann halte ihn bloß nicht vom Training ab, mein Schatz!«

»... dann braucht er doch die olle Schlosserlehre nicht zu machen. Soll er lieber trainieren!«

»Der Spatz in der Hand ist besser als die Taube auf dem Dach!«, sagte Vater Wiesner mit hochgezogenen Brauen. »Die Verletzungsgefahr ist im Sport unwahrscheinlich hoch. Ich würde die Lehre nicht leichtfertig aufs Spiel setzen. Was sind schon drei Jahre! Aber das Leben ist lang und als Gelernter bekommst du in jeder Beschäftigung mehr als ein Ungelernter. Geht doch mal eure Bekannten und Verwandten durch – ich meine die, die schon ein paar Jahre verdienen – und fragt sie nach ihrer Arbeit!« Er lächelte. »Das würde mich direkt auch interessieren, was ihr da herausbekommt.« Er erhob sich. »Ich schreibe übrigens an meiner Doktorarbeit, denn in der Politik ist es wie im Sport: Plötzlich ist man weg vom Fenster. Und deshalb ist es gut, wenn man sich ein zweites Standbein schafft.«

Die beiden gingen zur Tür und er folgte ihnen.

»Nadine, schau mal bei Romy rein, ob sie alles für den morgigen Empfang parat hat. Da möchte sie schließlich brillieren.« Er hatte die Hand auf Christians Arm gelegt und hätte genauso gut zu Nadine sagen können: »Geh in den Kühlschrank schauen, ob Butter darin ist«, weil er sie einen Augenblick nicht dabeihaben wollte. Sie griente und verschwand.

»Junge, wenn du sie behalten willst, versuche, dir ein Polster zu schaffen.« Er rieb Daumen und Zeigefinger aneinander. »Ansonsten ist sie pflegeleicht wie meine Frau und stellt keine großen geistigen Ansprüche. Und noch etwas, was bei allen Frauen funktioniert: Schenk ihr Aufmerksamkeiten.« Er lächelte, als Christian auffuhr. »Das kann ein Blümchen vom Wegesrand sein oder ein buntes Herbstblatt. Nichts Teures! Oder eine Bemerkung über ihre Aufmachung, ihre Schönheit und so weiter. Aber es muss möglichst täglich sein. Das ist *ein* Schlüssel zum Glück. Da kommt sie! Sieht sie nicht wunderschön aus?« Er wandte sich zur Tür und warf ihr noch eine Kusshand zu, bevor er sie schloss.

»Na, hat er dir noch ein paar Tipps gegeben, der alte Schummler? Hab doch gemerkt, dass er mich loswerden wollte, um dir noch etwas zu stecken!« Sie hängte sich bei ihm ein und tändelte mit ihm die Treppe hinauf.

Christian kaute noch an dem Gehörten. »Sag mal, wie viel Jahre ist dein Vater eigentlich älter als deine Mutter? Sie sieht so verdammt jung aus.«

»Genau zehn Jahre. Aber was die auch den ganzen Tag für ihre Schönheit tut, ha! Ob ich das in 20 Jahren auch mache? Schließlich will man ja nicht verschrumpelt aussehen wie ein alter Apfel.«

Inzwischen waren sie in ihren Zimmern. Er zog sie an sich.

»Du wirst nie alt, mein Schätzchen.« Als er das letzte Wort sagte, fiel ihm ein, dass er sich ruhig einmal neue Kosenamen für sie ausdenken könnte. »Schatzi« und »Schätzchen« hatte seine Mutter immer zu ihren Männern gesagt. Sicher meinte Herr Wiesner auch solche Dinge.

Später, als er wohlig erschöpft neben ihr lag, blieb sein Blick an einem kleinen schwarzen Rahmen hängen. Die Schrift darin war gerade so groß, dass er sie vom Kopfende des Bettes noch lesen konnte. »Wer mit dem Leben spielt, kommt nie zurecht. Wer sich nicht selbst befiehlt, bleibt immer Knecht.« Der Name darunter war zu klein.

»Hängt der Spruch schon lange?«

»Welcher Spruch? Ach der! Schon ein paar Jahre«, murmelte sie schläfrig.

»Von wem ist der?«

»Vom ollen Goethe.«

»Ich verstehe ihn nicht.«

Sie rückte näher an ihn heran und legte ihren Kopf auf seine Schulter. Ihr Haar kitzelte seine Wange.

»Na ja, Paps hat es mir so erklärt: Wenn man sich selbst überwindet, dann erst ist man kein Knecht mehr.« Sie suchte nach Worten. »Wenn einer zum Beispiel raucht, es nicht lassen kann, ist er ein Knecht und die Zigaretten machen mit ihm, was sie wollen. Die machen ihn auch krank. Wenn er aber aufhört, dann zeigt sich seine Willenskraft und dadurch wird er Herr über seine Sucht. Und so was macht stark, sagt Paps.«

»Das würde bedeuten«, nuschelte Christian, »wenn ich jetzt lerne wie nie zuvor, höre ich auf, ein Knecht zu sein, und werde ein Herr.«

»Ja, so, glaube ich, meint Paps das … und der Herr Goethe. Der muss das wohl ausprobiert haben. Der war am Hof von Weimar ein ganz großes Tier geworden.«

»Aber weißt du, wie schwer das Lernen ist?« Er seufzte.

»Klar weiß ich das. Und ich bewundere Paps, wie er da immer über seinem Geschreibe sitzt und Bücher wälzt.«

»Aber dann haben wir weniger Zeit für uns«, zog er gleich eine Schlussfolgerung.

»Na ja, dann muss ich eben auch mehr lernen«, stöhnte sie. »Schließlich darf ich nicht durch die Prüfung fallen. Sonst wird Paps ganz böse und ich bekomme weniger Taschengeld.«

Christian ging mit gutem Willen ans Lernen. Aber es fiel ihm verdammt schwer und manchmal war er drauf und dran, die Bücher in die Ecke zu werfen. Und dem Meister in den ... zu treten. Hatte der denn nicht bemerkt, dass er sich höllisch anstrengte, um seine Forderungen zu erfüllen?

Wie um seine Verzweiflung noch zu vertiefen, lief er auf der Straße Herrn Wiesner in die Arme.

»Na, wie geht's?«, sagte der und schüttelte Christian die Hand.

»Schlecht!«, sagte Christian ehrlich. Herr Wiesner stutzte und schaute ihn fragend an.

»Na ja, ich versuche, zu lernen und alles zu machen, was der Meister verlangt, aber ...« Er zog die Schultern hoch und drückte tiefe Verzweiflung aus.

»Mach die Forderung des Meisters zu deiner. Sag nicht, der verlangt, sondern *ich will* dies oder jenes ganz prima machen. Sag auch dem Meister und deinen Lehrern, dass du dich von nun an anstrengen willst. Bitte sie, dir zu helfen. Entschuldige. Ich habe jetzt nicht viel Zeit. Aber ich schreibe dir etwas auf und lege es bei Nadine ins Zimmer. Einverstanden?«

Christian nickte. »Danke«, brachte er noch heraus, dann war Herr Wiesner schon verschwunden und er stand noch ein Weilchen wie versteinert, um die Worte zu bedenken.

Mit dem Meister und den Lehrern sprechen! Oje! Wie sollte er denn das machen? Das war ja schlimmer als eine Bergbesteigung. War das auch etwas, wo man vom Knecht zum Herrn wird? Was sollte er denn da sagen? Und wie nur? Er kam aus dem Grübeln gar nicht mehr heraus. Immer wieder legte er sich Worte zurecht und verwarf sie. Wieder und wieder.

Dann brachte ihm Nadine einen Zettel. »Hier, von Paps.«

Nachdem er sich mit Wort und Kuss bedankt hatte, wollte er sich sogleich den Text reinziehen. »Schöne Handschrift, aber ziemlich schwer zu lesen«, stellte er sachlich fest.

»Soll ich es dir vorlesen?«, erbot sich Nadine.

»Nee, mach mal so lange etwas anderes«, sagte er und begann zu studieren:

»Lieber Christian,
beim Fußball machst du schon alles, was ich dir jetzt aufschreibe, vollkommen unbewusst. Nun musst du nur noch lernen, es auch im übrigen Leben bewusst durchzuführen.

1. Hör auf, dich selbst zu kritisieren. Keiner ist perfekt. Fehler sind zum Lernen da.
2. Mach dir nicht selbst Angst. Wenn sie aufkommt, denk sofort an etwas Schönes.
3. Habe Geduld mit dir. Ungeduld ist mangelnde Lernbereitschaft.
4. Lobe dich für jeden kleinen Erfolg. Warte nicht auf das Lob anderer.

5. Liebe dich selbst, denn du bist einzigartig. Diese Liebe kannst du nie verlieren.
6. Pflege deinen Körper liebevoll. Er ist die Wohnung deiner Seele hier auf Erden.
7. Vergib dir und anderen. Sage: Ich vergebe dir und gebe dich frei. Dadurch wirst du selbst frei und hast Kraft für Neues.
8. Nimm alles Gute an, egal, ob du glaubst, es verdient zu haben, oder nicht.

Unleserliche Unterschrift

»Lebst du auch danach?«, fragte er Nadine. »Du hast es doch gelesen.«

»Klar hab ich's gelesen!« Sie zuckte mit den Schultern. »Weiß nicht, ob ich das alles mache. Einiges schon.« Sie rückte näher heran. »Da! Die Nummer 8 auf jeden Fall.«

Christian begann zu lachen und konnte sich lange nicht beruhigen. Selbstverständlich nahm Nadine alles an, ohne zu fragen. Das hatte sie schließlich von klein auf getan! Sie kicherte mit.

Dann nahm sie den Finger und fuhr an der Liste entlang. »Das mach ich, das auch … Jaaa, eigentlich mache ich das alles. Hin und wieder habe ich natürlich Angst. Aber dann beruhige ich mich damit, dass mich bisher keiner gefressen hat, dann wird's auch diesmal nicht passieren. Und dann geht es wieder. Wenn in der Schule 'ne Arbeit angekündigt wird, überflutet mich die Angst genauso wie jeden anderen. Aber da haben ja sogar die Superguten Bammel. Also ist das völlig normal.«

War das eine lange, sinnvolle Rede! Er war richtig geschockt! Die Achtung vor seiner kleinen Liebsten wuchs in diesem Moment stärker als all die Monate zuvor. Sie war also gar nicht so dumm, wie es ihm bisher vorgekommen war. Umso mehr musste er sich anstrengen. Auf keinen Fall wollte er schlechter dastehen als sie. Und nun begann er etwas, was er auch bisher bei ihr vermieden hatte. Er stellte ihr Fragen.

Zuerst waren es Fragen, die sich auf die einzelnen Punkte der Liste bezogen. Bald aber machte es ihm Spaß, mit ihr zu sprechen. Und nicht nur mit ihr.

Er sprach den Meister an, nachdem der ihn gerade wieder angefahren hatte.

»Entschuldigen Sie, wenn ich etwas schwer von Begriff bin. Seit drei Wochen gebe ich mir die größte Mühe, alles richtig zu machen, und hoffe, Sie haben es bemerkt.« Er machte eine Pause, um tief Luft zu holen und sich innerlich Mut zuzusprechen.

»Hm, hm, habe ich gemerkt. Dachte aber, es sei eine Finte.«

»Nein, ich meine es ehrlich. Ich möchte wirklich etwas lernen und bitte Sie, mir dabei zu helfen, weil das für mich nicht leicht ist. Ich habe wohl bisher geschlafen und bin nun aufgewacht.«

»Hm, hm, so kann man das sagen. Du latschst in letzter Zeit nicht mehr so schlurfig. Hab mich schon gewundert und dachte, das hänge mit deinem Torschuss zusammen. Vor sechs Wochen.«

»Waren Sie dabei?«

»Hm, hm. Bin immer dabei, wenn ihr spielt. Weiß auch, dass du so 'ne kleine hübsche Blondine hast, deren Vater in der großen Politik mitmischt. Junge, Junge, da musst du wohl was zeigen, wenn du da dranbleiben willst.«

Früher hätte Christian ergeben genickt. Jetzt protestierte er.

»Ich muss nicht, Meister, ich will!«, sagte er mit fester Stimme.

Der Meister riss seine Augen auf. »So, so, jaaa. Richtig. Wollen ist besser als müssen.« Er patschte ihm mit der flachen Hand aufs Schulterblatt. »Na, dann woll'n wir mal!«, und erklärte Christian die Handgriffe noch einmal bis ins Kleinste.

Und siehe da, das Stück wurde eins a und er erhielt sein erstes Lob vom Meister.

Zu Hause flitzte er gleich ans Telefon und berichtete Marco haarklein die Sache mit dem Meister, erzählte ihm vom Wiesner'schen Zettel und redete und redete. Marco kam gar nicht zu Wort.

Inzwischen war Cornelia von der Arbeit gekommen und wunderte sich über den Redeschwall ihres sonst so wortkargen Christians. Endlich – das Gerät zeigte 31 Minuten – legte er den Hörer auf.

»Verzeih«, sagte er bedauernd, »so viel sollte es gar nicht werden«, und überschlug in Gedanken die Kosten.

»Ich wollte ja nicht mithören«, entschuldigte sie sich, »aber was sind das für Punkte, die du andauernd aufgezählt hast?«

»Die hat mir Nadines Vater aufgeschrieben und ich habe versucht, sie durchzuziehen, und nun habe ich heute meine Arbeit prima gemacht, sodass mich der Meister gelobt hat.« War das ein langer Satz! Cornelia konnte sich nicht an einen ähnlich langen erinnern.

»Donnerwetter! Du scheinst dich wirklich zu verändern. Ich hatte schon die Hoffnung aufgegeben. Und der Meister hat dich gelobt?«, hakte sie nach.

Und Christian erzählte auch ihr lang und breit die Szene mit dem Meister. Ihr staunender Blick beflügelte ihn und das nie gekannte Hochgefühl durchrieselte seinen Körper heute nun schon zum dritten Mal.

»Es ist wie ein Wunder!«, sagte er zum Schluss. »Oma habe ich das nie geglaubt. Ihre Worte gingen zum einen Ohr hinein und zum andern hinaus. Dabei funktioniert das alles. Ich meine, wie man denkt, so ist es dann. Uff, das ist schwer zu sagen. Aber das schaffe ich auch noch. Jedenfalls war die erste Frage, die ich stellte, die schwerste. Mit jeder folgenden wurde es immer leichter für mich.«

Cornelia wiegte verwundert ihren Kopf. »Ich kann es noch immer nicht fassen. Versinke aber bloß nicht wieder in den alten Trott.«

Er blickte sie an, als sähe er sie zum ersten Mal. Ihm war auch so, als hätte jemand einen Schleier fortgezogen und er könnte nun klar und deutlich seine Umwelt sehen.

»Tja, hier zu Hause muss ich mich besonders vorsehen, denn ein Anreiz besteht hier überhaupt nicht. Der Fernseher dudelt den ganzen Tag seichten Müll und von dir bekomme ich auch nichts anderes zu hören.« Damit ging er aus dem Zimmer und sah nicht mehr ihren dümmlichen Blick, der ihm folgte, bis er die Tür schloss.

In seinem Zimmer räumte er seine erstaunlich vielen Videospiele in die hinterste Ecke des Regals, dorthin, wo bisher ein paar Bücher eingestaubt standen. Er wischte den dicken Staub ab, sogar Spinnweben, bevor er sie vorn aufstellte, wo sonst seine geliebten Spiele geprahlt hatten. Dabei schlug er eins der Bücher auf und las auf Seite 342: »9. Du sollst Selbstdisziplin lernen«, und las sich fest. Das war ihm noch nie passiert.

Nach einer halben Stunde schlug er das Buch zu und schaute auf den Titel und die Autorin: »Traumreisende von Marlo Morgan«, las er und nahm sich vor, das ganze dicke Buch zu lesen. Ja, für seine Begriffe war es reichlich dick.

Er sprach bei Nadine darüber und sie suchte es sofort in Vaters Bibliothek. »Nein, ist nicht hier«, erklärte sie.

»Wieso?«, fragte er verdutzt, weil sie ja am Computer stand.

»Na, Paps hat alle Titel eingespeichert. Es ist nicht hier. Aber morgen habe ich es.« Sie sagte es so voller Sicherheit, dass er erneut nachhakte.

»Wie kannst du sicher sein, dass es morgen hier ist?«

»Na, weil ich eben den Auftrag gegeben habe.« Sie zuckte mit den Schultern und schaltete den Computer aus. »So macht Paps das auch. Manchmal hat er das Buch schon ein paar Stunden später. Aber so dringend habe ich es nicht gemacht.« Sie drehte sich um und legte ihm die Arme um den Hals.

»Was machen wir jetzt? Draußen ist es noch wunderschön. Sieh mal, der Vollmond strahlt genau in unsere Fenster.«

Er küsste sie verlangend. Sie gab Negativlaute von sich und entzog sich ihm schließlich.

»Du hast morgen ein Spiel und ich will dich bewundern«, erklärte sie bestimmt und zog ihn aus dem Zimmer. »Komm, wir gehen noch ein bisschen spazieren.«

Das Spiel war trotz des 0:0-Endstands ein Erfolg für Christian. Er hatte im letzten Moment zwei Tore verhindert. Bei der Auswertung lobte ihn der Trainer.

»Christian kann ich überall hinstellen. Er ist als Verteidiger ebenso gut wie als Stürmer, obwohl er im Sprint nicht so schnell ist wie du, Andy. Aber er sieht die Möglichkeiten und handelt dementsprechend. Wären alle so, könnten wir in der Oberliga spielen.« Christian wuchs gleich um ein paar Zentimeter und Nadines Bewunderung tat später ihr Übriges.

Die Mannschaft schaffte den Einstieg in die Regionalliga und Christian musste sich sehr anstrengen, um alles unter einen Hut zu bekommen. Nadine war spitze. Sie schliefen nun abwechselnd mal bei ihr und mal bei ihm, je nachdem, welche Anforderungen am nächsten Tag auf seinem Programm standen. Und vor einem Spiel getrennt.

Eines Tages hatte sich Marco mit seiner Jasmin angemeldet. Sie wollten eine Woche Urlaub bei Christian verbringen.

»Ist doch kein Problem«, verkündete Nadine, als Christian rätselte, wie er das alles unter Dach und Fach bekommen sollte. »Wir haben doch Gästezimmer. Eins ist neben meiner Suite und zwei sind unten. Selbst wenn meine Großeltern zur gleichen Zeit einfliegen, ist alles paletti. Marco und Jasmin nehmen das bei mir oben und wir leben genauso weiter wie bisher, müssen nur noch ein paar Stunden mit ihnen eintakten. Aber das mache ich schon, keine Angst, mein toller Stürmer!«

Und wirklich, sie erstellte ein Programm, in dem sogar ein paar lauschige Stunden zu viert drin waren.

»Wie hältst du das durch, ohne in Stress zu kommen?«, fragte Marco, als sie an einem kleinen Vierertisch in der Nische eines bekannten Lokals saßen, dass ihnen Herr Wiesner empfohlen hatte.

»Ich brauche gar nicht in irgendwelchen Stress zu verfallen. Nadine organisiert alles, wenn ich es ihr rechtzeitig sage. Und natürlich sage ich ihr alles möglichst lange vorher. Wenn kurzfristig etwas kommt, wird es eingetaktet oder – wenn das nicht möglich ist – fallen gelassen. Dabei schaut Nadine genau darauf, ob es wichtig oder nichtig ist.« Er lachte über seine Wortwahl und freute sich dann über die anerkennenden Blicke, die Marco seiner Nadine zuwarf.

»Das hätte ich dir nicht zugetraut«, gestand Marco aufrichtig und hob ihr das Glas entgegen. Sie dankte mit einem Lächeln und stieß mit ihm an. Nach einem Zug setzte er das Glas ab und schaute bedeutsam in die Runde. »Ich werde nach der Lehre übernommen!«

Christians Gesicht erstrahlte. »Das ist eine gute Nachricht. Dazu gratuliere ich dir. Das ist ja heutzutage bei euch nicht gerade alltäglich. Bei mir hat es noch ein Weilchen Zeit damit. Aber ich bekomme vielleicht auch eine andere Möglichkeit. Doch darüber lohnt es sich noch nicht zu sprechen.« Er nahm ein Schlückchen und hoffte sehr, dass sein fußballerisches Können ausreichen würde für eine Berufung in eine andere Position. Doch noch galt es, dieses Können zu forcieren. Und nicht nur im Training und auf dem Platz, sondern vor allem im eigenen Kopf.

Inzwischen wusste er, dass er das richtige Denken noch viel stärker trainieren musste als die Beine. Und der Satz »Ich kann alles, was ich will« genügte ihm nicht mehr. Er suchte nach neuen. Nadines Vater gab ihm hin und wieder ein Buch mit Lesezeichen. Die lagen stets an der Stelle, an der prägnante Sätze für seine Weiterentwicklung standen, zum Beispiel: Sei nie mit dem Erreichten zufrieden! Träume langfristig. Setze dir Ziele! Dabei können Kurskorrekturen sinnvoll sein, aber gib niemals auf!!!

In einer kleinen Regionalzeitung war ein größeres Bild von ihm erschienen. Das nutzte er. Sie kauften mehrere Exemplare davon. Mit Nadine zusammen bastelte er an der Aufnahme herum, bis es so aussah, als trüge er das Nationaltrikot. Dieses Bild pinnte er gut sichtbar an seine Zimmerwand. Bevor er einschlief und gleich nach dem Erwachen blickte er es nun an und freute sich auf diese Zeit. Und in Nadines

Zimmer kam das Bild gleich neben den Spruch vom ollen Goethe.

Dann stieß er eines Tages auf einen Spruch, der ihm großes Kopfzerbrechen bereitete: »Nimm eins, gib zehn«, von Dan Kelly.

»Wie kann ich zehn geben, wenn ich nur eins habe?«, sagte er irritiert zu Nadine. Die zuckte zuerst nur mit den Schultern und signalisierte absolute Unwissenheit. Aber schon am nächsten Tag kam sie freudestrahlend an.

»Paps hat gesagt, das könne man sogar ohne Habe durchführen. Dann gibt man eben Freundlichkeit oder Liebe, aber meistens hat man schon genug zum Geben. Wir sollten darüber nachdenken. Wir kämen allein darauf.« Beide versanken in Schweigen.

»Ob da auch dazugehört, dass mir Kundinnen ein Trinkgeld geben?«, fragte Nadine nach einem Weilchen. »Das bekomme ich, wenn ich nett und freundlich bin und meine Arbeit gut erledige. Na ja, nicht von allen, aber von vielen.«

»Jaaa, ich runde beim Einkaufen die Pfennige auch nach oben auf ... Aber ist das wirklich gemeint?«

Er suchte in seinen Büchern.

»Hier steht etwas: Im Universum bleibt die Summe der gesamten Energie stets gleich. Wenn du also Energie in eine Sache hineinsteckst, bekommst du sie, natürlich mit zeitlicher Verzögerung, auch wieder zurück. Wenn du mehr hineinsteckst als alle anderen, wirst du auch mehr zurückbekommen. Hmm, das könnte es sein. Was meinst du?« Er blickte Nadine an.

Sie nickte und seufzte ulkig. »Mann, bei dir werde ich noch zum Philosophen!« Dann lachte sie, schlang ihre Arme um seinen Nacken und küsste ihn, sodass er das Buch fallen ließ.

Später hob er es auf und las die dick gedruckten Worte:

> Der Beginn einer Karriere
> ist ein Geschenk der Götter.
> Der Rest ist harte Arbeit.
>
> Fritzi Massary

»Mann, das stimmt! Wenn ich nicht trainiere, kann ich einpacken«, sagte er voller Überzeugung. »Woher habe ich denn dieses Buch?«

»Bestimmt von Paps. Der hat doch alles solche Sachen, die einen irgendwie voranbringen.«

Sie brachten Christian wirklich voran und machten aus dem wortkargen, schüchternen Buben einen selbstbewussten jungen Mann, der nach einem Fußballspiel auswertend sinnvolle Sätze von sich gab. Und er wurde in die Nationalmannschaft berufen.

Allerdings war er da schon 23 und hatte mit Nadine ein kleines blondes Töchterchen.